Regine Zweifel

111 Orte
in Paris,
die man gesehen
haben muss

W0180467

emons:

Bibliografische Information der Deutschen Bibliothek
Die Deutsche Bibliothek verzeichnet diese Publikation in der
Deutschen Nationalbibliografie; detaillierte bibliografische
Daten sind im Internet über http://dnb.d-nb.de abrufbar.

© Hermann-Josef Emons Verlag
Alle Rechte vorbehalten
Gestaltung: Eva Kraskes, nach einem Konzept
von Lübbeke | Naumann | Thoben
Kartografie: Regine Spohner

Druck und Bindung: B.O.S.S Druck und Medien GmbH, Goch
Printed in Germany 2011
ISBN 978-3-89705-823-1
Originalausgabe

Unser Newsletter informiert Sie
regelmäßig über Neues von emons:
Kostenlos bestellen unter
www.emons-verlag.de

Vorwort

Die Geheimnisse von Paris werden in diesem Buch nicht gelüftet. Jedenfalls nicht alle. In diesem Buch ist manches zu erfahren, was Kennern neu und Erstbesuchern willkommen ist. Von der heimlichen Reparatur einer großen Uhr in luftiger Höhe, einer blank polierten Männerhose, einem weit gereisten Hirn, unerlaubten Bestattungsmethoden und einem menschlichen Fuß, der ein Beistelltischchen schmückt. Sie erfahren, wo sich die Schwester des Eiffelturms seit Langem gut versteckt. Dass das Restaurant, das Renoir für sein berühmtes »Frühstück der Ruderer« Modell stand, wieder geöffnet hat. Wo Sie in der schwülstigen Atmosphäre eines ehemaligen Bordells was Kleines essen können. Wo Ludwig XVII. nicht begraben wurde, auch wenn es so aussieht. Warum ein angesehener Handchirurg fast 200 Jahre nach seinem Tod regelmäßig vom Sockel gestürzt wird. Und warum Karl der Große auf seinem Pferd vor Notre Dame so böse guckt.

»111 Pariser Orte, die man gesehen haben muss« erzählt 111 Geschichten von Menschen, Gebäuden und Gärten. Von Liebe, Laster, Revolution und von altmodischen, fast vergessenen, unheimlichen und kriminellen Museen und von einer Alternative zum Eiffelturm, die weder zeitraubend noch nervtötend und weniger kostenintensiv ist. Einer der 111 Orte erspart Ihnen sogar eine Reise nach New York, denn die Freiheitsstatue gibt es in Paris in drei Größen an drei Orten.

Manche Geheimnisse hütet Paris seit über 2.000 Jahren, manche sollen gefunden werden, Sie müssen nur kurz stehen bleiben. Dieses Buch bietet Ihnen 111 Gehpausen. Zum Staunen, Gruseln, Kichern. Amusez-vous bien!

111 Orte

1 Aragos Meridian (1. Arr.)
Als der Nabel der Welt verrutschte

Der Meridian von Paris verläuft mitten durch das Observatorium, Schlusspunkt der Hauptachse des Jardin du Luxembourg. Die Lage dieses französischsten aller Meridiane wurde 1718 vom Direktor des Pariser Observatoriums Cassini zum Pariser Nullmeridian bestimmt. Er liegt 2° 20' 14,025" östlich des Greenwich-Meridians und wuchs sich daher bei der Internationalen Meridian-Konferenz von Washington 1884 zum diplomatischen Problem aus. Die zusammengekommenen Wissenschaftler hatten nämlich beschlossen, den Greenwich-Meridian zum Internationalen Nullmeridian zu küren. Die französische Delegation enthielt sich der Stimme. Die Herren waren in ihrem Stolz verletzt und stocksauer, dass der Pariser Längengrad nicht das Rennen gemacht hatte. So hätten nun einige reagieren können, denn nicht nur Frankreich, sondern so gut wie jedes europäische Land hatte vor dieser Konferenz seinen eigenen Nullmeridian – darum fand sie ja statt.

Als Erster berechnete der Astrophysiker Arago den Verlauf des Meridians im Jahr 1806. Und obwohl sein Längengrad mittlerweile nicht mal mehr zur Null taugt, wurde er 1995 als Hommage an den großen Wissenschaftler in Form kleiner Bronzeplaketten ins Pariser Pflaster eingelassen. Die Plaketten geben Norden und Süden an, ihre Reihe beginnt im Observatorium.

Diese Aktion des niederländischen Künstlers Jan Dibbets blieb lange unbemerkt – bis Dan Browns »Sakrileg« erschien, in dem der Autor munter und realitätsfern den Pariser Nullmeridian kurzerhand in Verbindung mit einer »Rosenlinie« bringt. Es gab kein Halten mehr, und viele der 135 Plaketten wurden mittels Hammer und Meißel zu Souvenirs.

Das stählerne Band der Meridian-Linie des Gnomons in der Kirche Saint-Sulpice wurde von den Plakettenjägern allerdings verschont, da es nicht Aragos, sondern Cassinis Linie folgt. Mittlerweile hat sich der Meridian-Hype gelegt.

Adresse Zum Beispiel vor 24, Rue de Richelieu; 9, Rue de Montpensier; 1, Place du Palais Royal; im Palais Royal (7 Medaillons) | **Metro** 1, Station Palais Royal-Musée du Louvre | **Tipp** Zwischen der Rue de Montpensier und der Rue de Richelieu mäandern drei kleine Durchgänge, einer davon bietet sogar ein winziges Restaurant.

2 Die Arenen von Lutetia (5. Arr.)

Brot, Spiele, Busbahnhof

Im Jahr 285 griffen die Barbaren Lutetia an. Dabei wurde die römische Arena in der Stadt schwer in Mitleidenschaft gezogen. Aber nicht von den Barbaren: Die Bürger von Lutetia zogen sich vor den Angreifern auf die Île de la Cité zurück und errichteten flugs eine Schutzmauer um die Insel. Da blieb keine Zeit, noch irgendwo Steine zu brechen und entsprechend zu bearbeiten. Man bediente sich der römischen Mauern.

Auch für spätere Bauprojekte auf der Île de la Cité erwiesen sich die sorgfältig gefertigten Quader als großer Segen. Das Bauwerk selbst war danach nicht mehr präsentabel, aber noch zu gebrauchen. Bis 665 fanden Spiele statt.

Im 17. Jahrhundert hatte der Atem der Geschichte meterdick Staub auf die 15.000 Plätze der Arena geblasen. Niemand wusste mehr von ihrer Existenz. Über den Mauern wurden das Kloster Notre-Dame-de-Sion und ein Garten für ein anderes Kloster angelegt. Beide wurden 1860 für den Bau der Rue Monge enteignet. Einen Teil des Baulands kauften die städtischen Busbetriebe.

Obwohl bei den Bauarbeiten nach und nach immer mehr von den römischen Arenen ans Tageslicht kam, wurde unverdrossen weitergebaggert. Historiker und Stadtväter schrien entsetzt auf und sammelten Unterschriften für die Rettung der alten Kampfbahn. Doch der Kaiser wollte Stadterneuerung, und daher konnte auch die Denkmalschutz-Kommission keine Argumente für den Erhalt finden, und die Busbetriebe forderten die Überlassung ihres rechtmäßig erworbenen Eigentums. Der westliche Teil der antiken Stätte wurde komplett weggefräst und der Rest wieder zugeschüttet, um Platz zu schaffen für die städtischen Busse samt Pferden, Ställen und Nebengebäuden. 1883 sollte noch eine Querstraße durch die Arena gebaut werden. Victor Hugo höchstselbst gelang es schließlich, das Bauvorhaben zu stoppen. Die Arenen wurden freigelegt und in den Jahren 1917 und 1918 restauriert und rekonstruiert.

Adresse Rue Monge | **Metro** 10, Station Cardinal Lemoine | **Tipp** Gedenktafel am Haus Nummer 74, Rue Cardinal-Lemoine: Eine Zeit lang lebte hier der Autor von »Paris, ein Fest fürs Leben«, Ernest Hemingway.

3 Die astrologische Säule (1. Arr.)
Geheimnis seit 1574

Neben der alten, runden Handelsbörse steht eine schlanke Säule, die »colonne astrologique«. Ursprünglich erhob sie sich in einem Hof des Hôtel de Soissons, das Katharina von Medici errichten ließ. Das Palais gibt es seit über 300 Jahren nicht mehr, aber die Säule hielt durch. Sie ist fast 31 Meter hoch, obenrum toskanisch, unten eher dorisch und war in ihrer Jugend fein verziert mit dem Bourbonenwappen, Füllhörnern und Kronen. Nach dem Tod Heinrichs II. kamen zerbrochene Spiegel und zerrissene Knoten dazu, denn Königin Katharina war untröstlich.

Wie in der Cour Carrée du Louvre ergibt sich aus den steinernen Monogrammen von König und Königin ein »D«. »D« wie Diane. Diane de Poitiers war Heinrichs lebenslange Geliebte. Der Säulenschmuck wurde während der Revolution abgeschlagen oder verputzt, aber ausgerechnet der revolutionäre Putz hat den verräterischen Buchstabensalat bis heute erhalten.

In der Säule führen 147 schmale Stufen auf das Kapitell empor, dort musste man sich durch eine Klappe von 65 Zentimeter Durchmesser zwängen. Die Aussichtsplattform ist von Metallbändern abgeschlossen, die die Sterngucker vor den Gesetzen der Schwerkraft schützten. Die wohlbeleibte Katharina hat die Säule nie erklommen. Sie wurde auch nie als Wachturm genutzt. Das hätte die übervorsichtige Königin nie zugelassen, da ein Gang, von dem eine vermauerte Tür in vier Meter Höhe blieb, die Säule direkt mit den königlichen Schlafgemächern verband. Ebenso wenig wurde sie zum Gedenken an Heinrich II. errichtet. Katharina trauerte sehr um ihren König und hätte eine Gedenkstätte sicher nicht im Winkel eines Innenhofs verstecken lassen.

Auch als direkte Nachbarin der Hallen blickt die Säule auf eine bewegte Vergangenheit zurück. Vor ein paar Jahren wurde sie unter Denkmalschutz gestellt, und hinter der kleinen Holztür richtete man der Stadtreinigung eine Besenkammer ein.

Adresse Allée Blaise Cendrars, Forum des Halles | **Metro** 1, Station Louvre-Rivoli | **Tipp**
Die Galerie Véro-Dodat bietet schwarz-weiße Fliesen auf dem Boden, bemalte Decken, alte Lampen und Engelchen. In den kleinen Läden der Galerie werden Geigen gebaut, alte Puppen repariert und Büttenbögen geschöpft. Auch zwei Antiquitätenhändler haben sich angesiedelt.

4__Aurouze (1. Arr.)
Rattengift ist gute Hallentradition

Die Weltnaturschutzorganisation führt zurzeit 72 bedrohte Ratten-arten auf. Dürfen trotzdem Dutzende toter Ratten in einem Schau-fenster an der Rue des Halles baumeln?

Sie dürfen, denn sie gehören zur lange ausgestorbenen Art der Hallenratten, riesigen Nagern, die Victor Baltards Hallen aus dem Untergrund kontrollierten. Die Ausstellung hat also quasi musealen Charakter. Die Firma Aurouze (»Déstruction des animaux nuisibles«) besteht seit 1872 und hat sich nach dem Abbruch der Hallen auf die Bekämpfung von Ratten anderer Stämme verlegt, darunter die große Familie der »rats du Beaubourg«, die die Röhren des Centre Pompidou bevölkern.

Trotz unermüdlicher Anstrengungen des Unternehmens von morgens bis abends und von Montag bis Samstag kommt auf jeden Pariser Bürger angeblich mindestens eine Ratte. Das ist eine eklige Vorstellung, aber die Situation an sich ist überall auf der Welt anzu-treffen. Fast überall, denn an manchen Orten hat die Ratten- die Menschenpopulation zahlenmäßig längst überholt. Da kann man den Parisern doch nur zu dieser erfahrenen, segensreichen Exper-tenmannschaft gratulieren. Ein krisensicheres Geschäft – bei Au-rouze wird trotz der vielen bedrohten Arten das Rattengift immer seinen Menschen ernähren.

Bis zu de Gaulles Regierungszeiten konkurrierten in der Pariser Innenstadt sogar zwei Ungezieferenvernichter um die Käufergunst. Dummerweise lag einer in der Rue Saint-Honoré, dem Portal des Élysée-Palastes direkt gegenüber. »Le Grand Charles« gefiel das nicht. Monsieur le Président de la République wollte den Karikatu-risten keinesfalls Vorschub leisten, das Rattengiftgeschäft war nach seinem Amtsantritt ganz schnell und leise verschwunden.

Walt Disneys »Ratatouille« dagegen löste einen saftigen Skan-dal aus. Nicht etwa, weil eine Ratte den Koch gibt, sondern weil »Rémy« weltweit der accent aigu fehlt! Außer in Frankreich.

Adresse Rue des Halles | **Metro** 4, Station Châtelet-Les Halles | **Tipp** Hallenatmosphäre bietet die Rue Courtalon. Noch ein Tipp: »Châtelet-Les Halles« ist die größte U-Bahn-Station der Welt. Für U-Bahn-Fans ein Muss. Aber die Wege von Quai zu Quai können weit und ermüdend sein. Besser eine Station früher oder später aussteigen – man läuft nicht unbedingt weiter und ist an der frischen Luft.

5 Das Bouillon Chartier (9. Arr.)

Hausmannskost vor feiner Kulisse

Es ist laut, das Essen ist pures Mittelmaß, und die Bedienung gibt einen rauen Ton vor. Jedoch ist dieser Ton keineswegs unfreundlich, der Wein gut und preiswert, der Saal seit seiner Eröffnung im Jahr 1896 unverändert und seit 1986 »monument historique«.

Ursprünglich waren die »Bouillons« Arbeiterwirtshäuser und boten ein billiges, aber deftiges Tagesgericht und eine Tagessuppe. Von mehreren Gasthäusern dieser Art der Gebrüder Chartier in Paris blieb nur das an der Rue du Faubourg Montmartre. Tradition wird großgeschrieben: Hier wird seit über 100 Jahren die Karte täglich neu geschrieben (und nicht übersetzt), die Kellner in schwarzer Weste und langer weißer Schürze nehmen eilig die Bestellung auf und notieren sie auf die weißen Papiertischdecken, die später als Rechnungsformular dienen, eine »dame caissière« auf hohem Thron bewacht den Küchenausgang. Eine gewisse Hektik wird absichtlich verbreitet, damit jeder Tisch rasch wieder neu eingedeckt werden kann, genau wie früher, als die Besteckkästchen am Eingang noch von Stammgästen benutzt wurden.

Das Chartier liegt im Hinterhof, und obwohl über dem Gehweg nur eine kleine rote Leuchtreklame auf die ehrwürdige Institution hinweist, steht die Warteschlange am Wochenende oft bis auf die Straße. Hinter der Drehtür wartet der Maître d'hôtel und leitet die Gäste im Eiltempo an einen Kellner weiter, der zum Tisch vorauswuselt. Um nicht den Unmut des Restaurantführers zu erregen, sollte der staunende Gast sich erst am Tisch der genaueren Betrachtung des Interieurs widmen. Dann geht es eilig weiter: Bestellung, Service, Rechnung. Auch dies ist Tradition: Bei Chartier speist man nicht in Ruhe unter herrlichem Dekor, dies ist eine Kantine, eine schöne, alte zwar, aber nicht mehr. Hier sind geraspelte Möhren an Vinaigrette Möhrenschnipsel auf weißem Teller ohne Deko. Dafür sind die Preise niedrig, sehr niedrig für Pariser Verhältnisse und angesichts der Kulisse.

Adresse 7, Rue du Faubourg Montmartre | **Metro** 8, 9, Station Grands Boulevards | **Tipp**
Direkt gegenüber von Chartier geht es unter einem Torbogen hindurch in die Cité Bergère
mit ihren ehrwürdigen Hoteleingängen. In Nummer 3 hat Heinrich Heine gewohnt, in
Nummer 5 Frédéric Chopin.

6__ Die Boule-Bahnen im Jardin du Luxembourg (6. Arr.)

Freizeit à la française

Hinter dem letzten Halbrund der Anlagen um das Grand Bassin und vor den Buchenhecken zum Observatorium zweigt eine breite Allee rechts ab.

Bis hierhin bilden die vielen Attraktionen im Jardin du Luxembourg eine muntere Szenerie – Kinderkarussells, Spielplätze, Tennisplätze, Ponyreiten, Kasperletheater, Eis- und Luftballonstände, Segelschiffchenverleih.

Folgt man der Allee in westlicher Richtung, wird es bedächtiger. Es geht zum Boule. Nach wenigen Metern tauchen die Boule-Bahnen auf, und man vernimmt das Klicken der Sportgeräte, die die Spieler meist hinter ihrem Rücken halten, bis sie an die Reihe kommen. Dann werden die schweren Stahlkugeln gnadenlos abgefeuert oder zärtlich gelupft. Es folgt das Abmessen und Diskutieren rund um die kleine Holzkugel, das »cochonnet«.

Zu-Null-Niederlagen werden blumig umschrieben: Die Verlierer »küssen die Fanny«.

Fanny soll eine Kellnerin in einem Boule-Café gewesen sein, die die unterlegenen Spieler zum Trost rechts und links auf die Wangen küssen durften. Als der wenig beliebte Bürgermeister eines Tages von der Verliererseite kam und seine Küsse abliefern wollte, stellte sich Fanny auf einen Stuhl, drehte ihm die Kehrseite zu und hob die Röcke. Beherzt küsste er sie rechts und links, und daher hängt für den Verliererkuss heute noch in vielen Boule-Bars das Bild eines entblößten Hinterns unter Rockrüschen.

Ist der Spielausgang geklärt, werden die Kugeln aufgesammelt. Die Herrschaften, denen das Bücken schwerfällt, tragen für diesen Teil ihrer Sportart eine Schnur bei sich, an der ein kleiner Magnet befestigt ist, an dem sie die Kugel wie einen Anker hochziehen. Französischer können Nachmittage nicht verbummelt werden.

Adresse Parkeingang Rue Guynemer | Metro 4, Station Saint-Placide | Tipp Am Haus Nummer 36 in der Rue de Vaugirard wurde von der Revolution anlässlich der Einführung des metrischen Systems ein Eichmeter befestigt. Er hängt dort immer noch.

7 Bourbonenwappen im Gehsteig (1. Arr.)

Königsmord im Stau

In das Straßenpflaster vor dem Haus Nummer 11 in der Rue de la Fer-ronnerie sind drei Lilien eingelassen – das Wappen der Bourbonen.

Dies ist ein Tatort, denn hier wurde am 14. Mai 1610 Heinrich IV. ermordet. Tags zuvor war Maria von Medici, seine zweite Frau, zur Königin gekrönt worden. Heinrich wollte an diesem Tag die Vorbereitungen der Krönungsfeier in der Rue Saint-Denis besichtigen, schickte dann aber aufgrund einer bösen Vorahnung stellvertretend den Kapitän seiner Wachen. Dieser Vitry hatte Heinrich bei 17 Attentaten das Leben gerettet. Der König beschloss, sich ohne den Schutz des treuen Bodyguards zu seinem Finanzminister zu begeben, befahl aber zunächst einen Umweg, um doch rasch selbst einen Blick auf die Arbeiten in der Rue Saint-Denis zu werfen. Die königliche Karosse wurde unbemerkt von einem großen rothaarigen Mann verfolgt. Ravaillac, ein 32-jähriger Spinner aus Angoulême, hatte geträumt, er müsse den König töten, war nach Paris gelaufen, hatte in einem Wirtshaus ein Messer geklaut und eine Unterkunft gefunden. Dort träumte er, er solle den König verschonen, und folgsam machte er sich auf den Heimweg. In Etampes eine neuerliche Vision: zurück nach Paris zum Königsmord!

Am Freitag, den 14. Mai 1610, stand er zwischen den Schaulustigen vor dem Louvre und sah zu, wie der König mit Gefolge seine Kutsche bestieg. Als das Gespann in den engen Straßen um die Markthallen an den Straßenrand ausweichen und stehen bleiben musste, nutzte Ravaillac die Gelegenheit, riss die Tür auf und stach zweimal auf den König ein. »Ich bin verletzt«, waren die letzten Worte von Heinrich IV., geboren einen Tag vor dem 14. Dezember, 14 Jahrhunderte, 14 Jahrzehnte und 14 Jahre nach Christi Geburt, verstorben am 14. Mai im Alter von 4 mal 14 Jahren, 14 Wochen und 14 Tagen. 13 Tage später wurde sein Mörder gehenkt.

HENRY IV

XIV MAI
MDCX

Adresse 11, Rue de la Ferronnerie | **Metro** 4, Station Châtelet-Les Halles, Ausgang Rue de la Lingerie | **Tipp** Das Haus mit der Nummer 3, Rue des Juges-Consuls, stand bereits hier, als Heinrich ermordet wurde.

8 — Die Butte Bergeyre (19. Arr.)
Unbekannter Hügel, weltberühmter Blick

Der Blick auf die Stadt nutzt sich nicht ab, aber auf den Stufen vor Sacré-Coeur ist es fast immer rappelvoll. Daher empfiehlt es sich, das Panorama inklusive Sacré-Coeur von der Butte Bergeyre aus zu betrachten. Ruhige Lage, toller Blick, besonders bei Regen, wenn die Zuckerbäckerkonstruktion in geradezu überirdischem Weiß erstrahlt, weil der Travertin der Außenfassade in Verbindung mit Wasser weiße Kalkpartikel freisetzt. Nichts Überirdisches, nur Chemie. Die Butte Bergeyre erreicht man hinter dem Wendehammer am Ende der Rue des Chaufourniers über einen Fußweg namens Jardin Bergeyre. Der unbekannteste der Pariser Hügel ist von unten kaum zu sehen, da ihn Hochhäuser umgeben wie eine Befestigungsmauer. Seine fünf Sträßchen erreicht man zu Fuß auch über die unbefahrbaren Stufen der Rue Michel-Tagrine oder über die Treppen, die von der Rue Manin und von der Avenue Simon Bolivar steil hinaufführen – mit dem Auto nur über die Rue Georges Lardennois. Auf dieser Insel über dem Pariser Chaos stehen nur niedrige Häuser, denn der Untergrund ist hohl durch Sandstein- und Gipsbruch. Zunächst gab es hier nur eine Butte, die Butte Chaumont, auf der sich die Flügel von elf Mühlen im Dienst der Steinförderung drehten. Als Jean-Charles Alphand begann, einen Park und Straßen anzulegen, schnitt er Schneisen in diesen Hügel. »La butte« wurde zu »les buttes«, die allesamt in den Park »des Buttes-Chaumont« integriert und zu Grünanlagen umfunktioniert wurden. Einzig die Butte Bergeyre blieb unbegrünt. 1902 erwarb Adolphe de Rothschild das Hügelgelände an der Rue Manin und ließ dort eine Einrichtung für Taubstumme errichten, mittlerweile eine Fachklinik von Weltrang. Auf der Butte entstand ein bescheidener Vergnügungspark, die »Folles Buttes«, 1918 wurde an seiner Stelle ein kleines Fußballstadion angelegt, das nur über Holzleitern zu erreichen war. 1926 wurde es abgerissen und die kleine Butte in der Folge bebaut. Die Grundstückspreise sind horrend, die Sonnenuntergänge auf der Westseite, mit Blick auf Sacré-Coeur, ein Erlebnis.

Adresse Rue Georges Lardennois | **Metro** 2, Station Colonel Fabien | **Tipp** Auch der Blick vom Aussichtsturm hoch über dem Parc des Buttes-Chaumont ist den anstrengenden Aufstieg wert.

9 Der Canal Saint-Martin
(10./11. Arr.)
Lang ersehnt und fast vergessen

Bis Anfang des 19. Jahrhunderts schöpfte die Pariser Bevölkerung ihr Wasser hauptsächlich aus der Seine. Dorthin floss es auch zurück und nahm dabei alles mit, was ihm unterwegs begegnete. Eifrige Wasserträger schöpften das Ergebnis wieder heraus und verteilten es an die Haushalte. Und so geschah es, dass Kaiser Napoleon nicht lange auf Antwort warten musste, als er seinen Innenminister Chaptal fragte, was er denn seinen Pariser Untertanen Gutes tun könne: »Sire, geben Sie der Stadt Wasser!« Gute Idee, fand »Sire« und befahl, die Seine durch den Canal Saint-Martin mit dem Flüsschen Ourcq im Norden zu verbinden. Kurz nach der Eröffnung des Kanals stellte man entsetzt fest, dass alle Kasernen auf der außerstädtischen Seite des Wassers lagen. Auf Innenstadtseite waren etwaige Rebellen so gut geschützt wie hinter einem Burggraben und kaum zu besiegen. Eilends verpasste man dem Canal Saint-Martin einen Deckel von der Bastille bis zur Rue du Faubourg Saint-Martin, sodass die Soldaten aus den Kasernen ungehindert in die Stadt gelangen konnten.

Zwischen dem Yachthafen hinter der Place de la Bastille und dem Bassin de la Villette pendeln Ausflugsschiffe auf dem Kanal. Die Fahrt führt unter der Place de la Bastille durch, genauer gesagt unter dem Sockel der Säule und der Krypta, in der die Toten der Julirevolution des Jahres 1830 bestattet wurden. Bis zur Fertigstellung der Krypta hatte man sie provisorisch in einem Graben bestattet. In diesem Graben landeten später auch einige Mumien, die ihre Parisreise Napoleons Ägyptenfeldzug verdankten und aufgrund unsachgemäßer Lagerung in einer stillen Ecke vor sich hin müffelten. Als die Bastille-Krypta fertig war, wurde der komplette Inhalt des Grabens, Revoluzzer und Mumien ohne Ansehen von Staats- oder Zeitalterzugehörigkeit, kurzerhand in zwei große Särge gebettet und unter der Säule beigesetzt. Einige Jahre später kamen noch die Toten des Aufstandes im Jahr 1848 dazu.

Adresse Port de L'Arsenal/Bassin de la Villette | **Metro** 1, Station Bastille; 5, 2, Station Stalingrad | **Tipp** Die Bootsfahrt dauert zwei Stunden und führt vom Port de l'Arsenal aus anderthalb Kilometer zwischen alten Treidelpfaden durch Dämmerlicht und dann durch fünf Schleusen und eine Hebebrücke. Abfahrt am Port de L'Arsenal und am Bassin de la Villette.

10   Das Castel Béranger (16. Arr.)
Schloss Schwachsinn

Die Natur kennt weder gerade Linien noch rechte Winkel. Als der Mensch zum Ende des 19. Jahrhunderts mehr und mehr in den Dienst starrer Maschinen gestellt wurde, setzte der Jugendstil, die »art nouveau«, der um sich greifenden Industrialisierung sanfte Rundungen, Bögen und Schnörkel entgegen. Jugendstil – Paris ... für diese Wortreihe gibt es nur eine mögliche Fortsetzung: Hector Guimard.

Als Guimard 1896 den Auftrag für den Bau des Hauses Nummer 14 der Rue La Fontaine erhielt, war er ein unbekannter junger Architekt. Die Bauherrin orderte ein Mietshaus für 36 Parteien. Billig sollte es sein, man wollte schließlich daran verdienen. Also nicht zu viel teuren Sandstein verwenden, die Mauern aus billigem Backstein hochziehen, alle übrigen Entscheidungen überließ man dem Architekten. Und der tobte sich aus: so rund wie möglich, so gerade wie nötig. Selbstverständlich kam auch Guimard nicht ohne ebene Böden oder lotrechte Fenster und Türen aus. Doch er ließ Gerades hinter geschwungenen Verzierungen verschwinden, versteckte Senkrechte und Waagerechte hinter übernatürlich üppigen Verzierungen aus Blüten, Fabelwesen, Wolken und Engeln. Sein Hang zum Runden setzte sich im Innenbereich bei Teppichen, Tapeten bis hin zu Tür- und Fenstergriffen fort.

Die bourgeoise Nachbarschaft war sich mit Volkes Stimme einig wie selten: Dieses Gebäude war das Stein gewordene Grauen, ein Schandfleck für das Dorf Auteuil. Aus »Castel Béranger« wurde schnell »Castel dérangé«, Schloss Schwachsinn. Und doch erhielt Guimard 1899 für sein Projekt den ersten Preis im Fassadenwettbewerb der Stadt Paris und in der Folge den Auftrag, die Eingänge der im Bau befindlichen Metro zu gestalten. Etwa um die 70 der ehemals fast 400 markanten Treppenabgänge sind noch erhalten, jedenfalls die hellgrünen gusseisernen Geländer und die roten Lampen. Aber das ist ja schon mal was.

Adresse 16, Rue La Fontaine | **Metro** 9, 10, Station Michel Ange – Auteuil | **Tipp** Fast im Originalzustand erhalten sind die Stationen Abbesses und Porte Dauphine. Guimard entwarf ebenfalls die Häuser Nummer 17, 19 und 21 in der Rue Jean de La Fontaine und die Synagoge in der Rue Pavée.

11 __ Das Cent Quatre (19. Arr.)
Vom Totenkult zum Kulturleben

Das Cent Quatre wurde nach seiner Hausnummer benannt. Es ist eine öffentliche Pariser Kultureinrichtung und hat nach seiner Eröffnung 2008 mit Ausstellungen, Aufführungen und Konzerten rasch in der Hauptstadt Fuß gefasst. Das Gebäude besteht aus zwei riesigen Hallen, in denen neben der Kunst ein Kindergarten, ein Restaurant, in dessen Küche sich ein Sterne-Koch aufgemacht hat, Kantinengerichte zuzubereiten, eine Café-Bar, ein Secondhandladen, eine Fair-Trade-Boutique, eine Malschule und ein Buchladen untergebracht sind.

Große Künstler spielen hier Theater oder stellen ihre Werke aus. Auf 700 Quadratmetern werden im sogenannten »Brutkasten« Räume günstig an junge Unternehmen vermietet, die im Cent Quatre in aller Ruhe forschen und entwickeln sollen.

Vor der Umwidmung war allerdings Umbauen angesagt, denn die riesigen Hallen überdachten bis in die 1980er Jahre den städtischen Bestattungsfuhrpark.

1870 hatten zwei Architekten im Auftrag des Erzbischofs von Paris das Gebäude im Stil »Industriedenkmal« entworfen und unter der Aufsicht des Stadtarchitekten Baltard gebaut: große Linien, weite Fluchten, Gusseisen, Backstein und Glas für die über 270 Meter langen Hallen mit großem Glasdach über Innenhöfen, Pferdeställen und Kellern. Über 120 Jahre lang arbeiteten hier bis zu 1.400 Personen an durchschnittlich 150 Leichenzügen täglich. In der Halle an der Rue d'Aubervilliers wurden Särge und Katafalke gezimmert, an der Rue Curial standen 80 Leichen- und über 100 Leiterwagen im Erdgeschoss, im Untergeschoss 300 Pferde sowie 6.000 Särge auf Vorrat, Futterspeicher und ein Becken für 50.000 Liter Wasser. Geschäfte für Sarg-, Grab- und Kranzschmuck boten den Hinterbliebenen ihre Dienste an. 1905, nach der Trennung von Kirche und Staat in Frankreich, wurden Bestattungen Gemeindesache. Nach 1945 wurde der Fuhrpark motorisiert, Autowerkstätten zogen in die Ställe. Leichen wurden nur während der Kriege in den Hallen aufgebahrt.

Adresse 104, Rue d'Aubervilliers und 5, Rue Curial | **Metro** 2, 5, 7, Stationen Stalingrad, Riquet, Crimée | **Öffnungszeiten** Di–So 11–21, So bis 20 Uhr, Mo Ruhetag; Restaurant Di–Sa 12–24, So 12–18 Uhr; Café-Bar Di, Mi 9–21, Do–Sa 9–24, So 11–21 Uhr, Montag geschlossen | **Tipp** Es ist nicht weit zum Bassin de la Villette. Von dort aus kann man mit dem Schiff über den Canal Saint-Martin zur Bastille fahren.

12 Der Cercle de Jeu Clichy-Montmartre (9. Arr.)

Texas Hold'em unter altem Glas

Der Metzger Pierre-Louis Duval beschloss 1860, aus den Pariser Markthallen gastronomisch Kapital zu schlagen. Er hat dazu Rindfleisch in eigener Brühe gekocht (»bouilli«) und servierte das Ganze als »bouillon«. Ein Billiggericht für arme Marktarbeiter. Nach dem verlorenen Krieg gegen die Deutschen 1871 waren in Frankreich unerwarteterweise nicht mehr nur die Arbeiterschichten arm, und die Nachfrage nach billigem Essen führte zum Bau großer Speisesäle, in denen man für wenig Geld satt wurde, den Bouillons. Als es nach 1947 langsam aufwärtsging, entstand in den ehrenwerten Räumen des ehemaligen Bouillon Duval aus dem Jahr 1901 eine Billard-Akademie. Der Cercle de Jeu Clichy-Montmartre bietet keine Speisen an, trotzdem geht so mancher arm nach Hause, denn unter der Glaskuppel im Speisesaal der einstigen Jugendstil-Kantine wird nicht nur Billard, sondern mittlerweile auch Poker gespielt. Und das von 11 bis 6 Uhr morgens. Der Eintritt wird nach Stunden berechnet. Der »Spielkreis Clichy-Montmartre« zählt zu den wichtigsten französischen »Académies du Billard« und ist der älteste Billardsaal der Hauptstadt. 16 Tische für Snooker, Poolbillard und Carambolage warten auf Spieler. Die Pokerrunden finden in den Nebenräumen statt. Seit 2008 hat sich an acht Tischen für No Limit Texas Hold'em manches Drama abgespielt. Bei großen Pokerturnieren werden auch die Billardtische zur Seite geräumt, und der große Saal wird für bis zu 120 Spieler mit Pokertischen bestückt.

Die Spieler schätzen die moderne Ausstattung der internationalen Pokerturniere, bei denen neben 60 Sicherheitsangestellten elektronische Chips für einen korrekten Ablauf sorgen. Sie haben kaum einen Blick für den geschichtsträchtigen Ort, in dessen sechs Meter hoher Glasdecke von Jean Giroux sich schon das Paris der Belle Époque spiegelte.

CERCLE DE JEUX

Clichy
MONTMARTRE

ACADEMIE D

Adresse 84, Rue de Clichy | Metro 2, 13, Station Place de Clichy | Tipp Ein kurzer Spaziergang über den Boulevard de Clichy von der Place de Clichy bis zur Place Pigalle mit dem Moulin Rouge ist eine Reise durchs Milieu.

13 Die Chapelle Expiatoire
(8. Arr.)

»Le roi est mort, vive le roi!«

Der König fuhr zur Rue d'Anjou. Er trug ein Hemd, Strümpfe aus grauer Seide, Hosen aus grauem Tuch, eine Weste aus weißem Pikee und seinen abgetrennten Kopf zwischen den Knien. Man legte ihn auf eine Unterlage aus treuen Schweizern, die beim Sturm auf die Tuilerien im Jahr zuvor bereits erfolglos ihr Leben für ihn gegeben hatten. Löschkalk drüber, fertig. Drei Monate später, im Oktober 1793, folgte Marie-Antoinette ihrem Gatten, Ludwig XVI., auf gleichem Weg und in gleichem Zustand. Zwei Jahre später schloss man den Friedhof. Wieder zwei Jahre später kaufte ein königstreuer Anwohner das Terrain auf, der sich heimlich notiert hatte, wo die Gebeine des Königspaares verschwunden waren, und ließ die Stellen mit Trauerweiden bepflanzen.

1799 war die Revolution zu Ende, Napoleon wurde erster Konsul, Kaiser, unpopulär, verbannt. 1814 kehrte der jüngste Bruder Ludwigs XVI. aus dem Exil zurück und wurde König. Schließlich war Ludwig XVIII. Bourbone, und die konnten »König« einfach am besten, wie das spanische Königshaus bis heute anschaulich demonstriert. Ludwig XVIII. wurde kurz von Napoleons Rückkehr und Waterloo unterbrochen, ließ aber 1815 endlich die sterblichen Überreste von Bruder und Schwägerin exhumieren und in die Basilika von Saint-Denis bringen. Dann kaufte er dem selbstlosen Anwohner die Ex-Grabstätte für das 35-Fache des ursprünglichen Preises ab und ließ darauf die »Chapelle Expiatoire« errichten, die Sühnekapelle. Der Altar im Inneren soll sich genau über dem ehemaligen Grab Ludwigs XVI. befinden. Darüber hinaus bietet die Kapelle viel Schwülstigkeit: Ludwig XVI. und Marie-Antoinette in Marmor, mit Engel. In die Sockel geritzt: Ludwigs Testament und der letzte Brief der Königin an ihre Schwägerin, Madame Elisabeth, deren Gebeine wie viele andere im gut besuchten Pariser Untergeschoss, den Katakomben, liegen sollen.

Adresse 29, Rue Pasquier | **Metro** 9, Station Saint-Augustin | **Öffnungszeiten** Do, Fr, Sa von 13–17, geschlossen am 1.1., 1.5. und 25.12. | **Tipp** Die Kaufhäuser »Printemps« und »Galéries Lafayette« liegen so nah, dass man auf die **Metro** verzichten kann.

14 Das Château de Vincennes (Vincennes)

Sicherer Holzweg

Als Ludwig XIV. im 17. Jahrhundert samt Mutter und Vormund einzog, war das Schloss von Vincennes bereits seit 300 Jahren Königsresidenz. Seine Imposanz und historische Bedeutung laufen dem Louvre leicht den Rang ab, auch wenn es nach Ludwigs Wegzug zunächst zur Militärschule, Porzellanmanufaktur und Waffenfabrik und später zum Gefängnis, Munitionslager und wieder Gefängnis abstieg.

Auf die 1.200 Meter lange, intakte Mauer folgt der Burggraben. Die über drei Meter dicken Wände des Wehr- und Wohnturms aus dem Jahr 1367 unterstreichen die Uneinnehmbarkeit der Anlage. Der Turm ist mit 52 Metern der höchste seiner Art in Europa. Die massive Eingangstür zum Burghof wurde nachträglich eingebaut, denn der Turmzugang lag aus Sicherheitsgründen ursprünglich im ersten Stock. Diese Tür stellt eins der letzten öffentlich zugänglichen Relikte des Templer-Ordens dar und bewachte den Eingang zum Gefängnis der Templer-Burg in Paris. Auch heutige Besucher müssen über eine Treppe zunächst auf die Festungsmauer und von dort über einen Holzsteg zu den Königsgemächern balancieren.

Auf der Wehrmauer lag das Arbeitszimmer des Königs. Darüber hing in einem Türmchen die erste Glocke des Schlosses. Sie war rein weltlich und gehörte zu einer Uhr, denn Schlosserbauer König Karl V. duldete Läuten nur als Zeitangabe. Mittlerweile wird sie ausgerechnet in der Sainte-Chapelle des Schlosses aufbewahrt. Die berühmte Sainte-Chapelle auf der Île de la Cité stand nämlich bis ins 16. Jahrhundert für zehn weitere ihrer Art Modell. Sieben davon sind erhalten geblieben.

Viele Fenster der Sainte-Chapelle von Vincennes wurden nach Verwüstungen im Zweiten Weltkrieg aufwendig restauriert und am 26. Dezember 1999 von Sturm »Lothar« wieder zerstört. Inzwischen ist die Schlosskapelle wieder geöffnet, die Glasreparatur dauert an.

Adresse Avenue de Nogent | **Metro** 1, Station Château de Vincennes | **Tipp** Der Bois de Vincennes erstreckt sich über 20 Quadratkilometer und ist die größte Grünfläche von Paris. Er bietet neben Zoo, Streichel-Bauernhof, Trabrennbahn, Ruderboot- und Fahrrad-verleih auch zwei buddhistische Tempel.

15 __ Der Chevalier de la Barre (18. Arr.)

Armer Ritter

Blickt man von Sacré-Coeur aus über Paris, fehlt dem Panorama der Eiffelturm. Den sieht man erst, wenn man der Rue Azaïs ein paar Meter nach Westen folgt. Dort trifft der Blick dann auf das städtische Wahrzeichen, auf einen kleinen Park und das Standbild des frechen Chevalier de la Barre, Lichtgestalt der aufständischen Pariser Bürger. Im Jahr 1762 wurde er aufgrund familiärer Geldnot von Paris zu einer Tante in die Picardie geschickt. Im Dorf misstraute man dem Stadtbengel, verdächtigte ihn unbegründet, ein Wegkreuz geschändet zu haben. Als der Chevalier nebst zwei seiner rebellischen Freunde aber vor der Fronleichnamsprozession den Hut nicht zog, das Knie nicht beugte und obendrein noch ein derbes Lied zum Besten gab, ließen die Dörfler ihn einsperren und vor Gericht stellen. Der Urteilsspruch lautete: Enthauptung wegen Ketzerei. Vor der Exekution musste der Henker ihm die Zunge herausschneiden. Tod und Folter aus religiösen Gründen – dies war das letzte Mal, dass ein christliches Gericht im Abendland solch ein Urteil fällte und vollstrecken ließ. 1896, mehr als 100 Jahre nach seinem Tod, erklärten die Überlebenden der Kommune de la Barre zu einem der Ihren. Blauäugig genehmigte ihnen die Stadtverwaltung, sein Abbild in Bronze vor Sacré-Coeur aufzustellen. Dort stand es dann ab 1897 und trug den Hinweis: »starb, weil er sich weigerte, eine Prozession zu grüßen«. Auf fast jedem der unzähligen Fotos der Kirche war das aufmüpfige Denkmal zu sehen, und so ließen die Stadtväter es in den Park versetzen. 1941 wurde die Figur von den Besatzern eingeschmolzen. Die hartnäckige Bürgerfront stellte 2001 eine neue Statue auf. Seitdem lagern sich zum Todestag des Chevalier am 1. Juni Revolutionäre – von Jung-Kommunarden bis Alt-68er – um das neue Standbild mit der alten Inschrift. Man isst was, trinkt was, macht Musik und trägt rote Mützen. Richtig ernst ist es nur wenigen.

Adresse Rue Azaïs | **Metro** 2, Station Anvers und Funiculaire de Montmartre oder 12, Abbesses | **Tipp** Neben dem Funiculaire, der Standseilbahn, führen Stufen hinunter – die traditionelle Abstiegsvariante.

16___Der Comte de Buffon (5. Arr.)

Kleinhirn auf großer Fahrt

Alte Bäume, seltene Pflanzen, gepflegte Alleen – der Jardin des Plantes ist ein Ort zum Durchatmen. Vor dem majestätischen Muséum National d'Histoire Naturelle betrachtet ein marmorner Georges Louis Leclerc de Buffon geduldig das Gewusel zu seinen Füßen. Zu Lebzeiten war er Mathematiker, Naturforscher, Mitglied der Académie Française und Direktor des Jardin des Plantes, damals noch »Jardin du Roi«.

Buffon war ein aufrichtiger, loyaler Mensch und seinen Mitarbeitern in großer Herzlichkeit zugetan. Einem von ihnen, Barthélemy Faujas de Saint-Fond, vermachte er gar sein Herz. Das war zur damaligen Zeit nicht ungewöhnlich. Trotz offiziellen Testaments erhielt Buffons ältester Sohn das Herz des Vaters, Faujas immerhin das Kleinhirn, »conservé à la manière égyptienne, déposé dans une urne en cristal«. Er gab es in die Obhut eines Freundes in Paris. Nach Faujas' Tod ließ sein ältester Sohn die Reliquie aufs Familienschloss im Südosten Frankreichs bringen – per Fuhrwerk, Kutsche war zu teuer.

Dann hatte Buffons Kleinhirn 50 Jahre Ruhe – bis der Familie Faujas das Geld ausging: Barthélemy Faujas hatte schon lange das Zeitliche gesegnet, und seine verwitwete Schwiegertochter war nicht abgeneigt, das Cerebellum an die Russen zu verschachern, die großzügig geboten hatten. Nach entschiedener Intervention eines Buffon-Urgroßneffen stimmte die Witwe Faujas schließlich zu, Kristallurne samt Inhalt dem Muséum National d'Histoire Naturelle zu vermachen – gegen je ein Stipendium für ihre Söhne.

1867 trat Buffons Kleinhirn den Rückweg nach Paris an. Ende 1869 bequemte man sich seitens des zuständigen Ministeriums, dem Muséum die Urne zukommen zu lassen, und am 17. Oktober 1870 wurde ihr endlich ein angemessener Ort als letzte Ruhestätte zugewiesen: Man ließ sie in den Marmorsockel von Buffons Denkmal ein. Wo sie blieb.

Adresse Rue Buffon | **Metro** 7, Station Jussieu | **Tipp** Der Jardin des Plantes bietet neben einem Alpinum und einer Gloriette auch ein feudales Gewächshaus: »la grande serre«.

17__Die Cour Damoye (11. Arr.)

Zwei Tische und vier Stühle für Kaffeegenießer

Rot gestrichene Holzfassade unter Glyzinien, eine schlichte Außenlampe mit der Beschriftung »Café/Thé«, auf dem eher nutzlosen Trottoir der Fußgängerstraße davor ein schlichtes Pappschild:»Brûlerie Daval«. Drinnen eine auf übereinandergestapelten Büchern ruhende Theke, zusammengewürfeltes Mobiliar, Kaffeesäcke, die Öffnungszeiten handgeschrieben, daneben ein Zettel:»La brûlerie est ouverte«. Das ist die Kaffeerösterei Daval. Hier wird der hektische Pariser Kunde entschleunigt, wird er sich für die Dauer seines Aufenthalts auf die Dame einstellen, die hier bedient und sich dabei alle Zeit lässt, die sie braucht. Aus dem engen Laden weht Kaffeeduft bis auf die Place de la Bastille und lockt diejenigen an, die neben »to go« auch das frisch geröstete Produkt in Tassen gelten lassen.

Dies ist ein guter Ort, um zur Ruhe zu kommen, keine 300 Meter neben einem der hektischsten Verkehrsknotenpunkte der Pariser Innenstadt, wo der Verkehr nur so knallt. Der Kontrast erhöht den Charme der Gasse, auch wenn sie das wirklich nicht nötig hat. Von der Place de la Bastille gewährt ein solides Holztor Einlass. Rechts vom Eingang sind in Gold auf schwarz die Öffnungszeiten nachzulesen: Holztor und gegenüberliegendes Gitter sind – wie alle Pariser »rues privatives« – nur zu bestimmten Zeiten als öffentlicher Durchgang zu benutzen.

Ein einzelner Baum sorgt neben Mauerranken von Efeu bis Wein für Grün, für mehr fehlt der Platz auf 124 Meter Länge und sechs Meter Breite. Auch in den Häusern ist es eng. Daher musste wohl am Haus hinter dem Baum – was für eine Wegbeschreibung mitten in Paris – der Aufzug außen angebracht werden. Durchaus stilecht, die moderne Konstruktion wirkt, als sei sie mindestens 100 Jahre alt. Die Nachbarschaft der Cour Damoye setzt sich zum großen Teil aus Künstlern zusammen. Sie haben nach der Komplettrestaurierung des Durchgangs die Werkstätten der Handwerker in der einstigen »cité ouvrière« übernommen und zu Ateliers umfunktioniert.

Adresse hinter dem Kiosk zwischen Boulevard Richard Lenoir und Rue de la Roquette |
Metro 1, 5, 8, Station Bastille | **Öffnungszeiten** Mo–Fr 9–20, Sa 10–20 Uhr, So geschlossen |
Tipp Dieses Viertel ist von Passagen und Höfen durchlöchert wie ein Schweizer Käse.
Für eine Entdeckungstour empfiehlt sich ein guter Stadtplan!

18 Die Cour Debille (11. Arr.)

In Stein gemeißelt, trotzdem falsch

Er war ein armes Kind, der Sohn von Ludwig XVI. und Marie-Antoinette. Im Alter von sieben Jahren wurde der Dauphin, der als Ludwig XVII. über Frankreich hätte herrschen sollen, mit seinen königlichen Eltern und Schwester Elisabeth im Temple eingesperrt. Nach dem Tod des Vaters unter der Guillotine entriss man ihn der Mutter und gab ihn in die Obhut eines grobschlächtigen Schuhmachers.

Unter dem kleinen Steinkreuz mit der Inschrift »L XVII« an der Außenwand von Sainte-Marguerite soll am 10. Juni 1795 ein Kind beigesetzt worden sein, das zwei Tage vorher im Burgfried des Temple gestorben war. Sargträger und Wachpersonal bildeten den Trauerzug, ein Priester war nicht dabei. Selbstverständlich nicht, 1795 war die Revolution noch in vollem Gange! Ohne ein Gebet wurde der Sarg in die Erde gesenkt. In der folgenden Nacht öffnete ein Totengräber Grab und Sarg. Er stellte fest, dass die Leiche des Toten geöffnet worden war, und bestätigte somit das Gerücht, dies sei der tote Bourbonensohn, und der Leibarzt des Königs habe ihm Hirn und Herz entnommen. Der Totengräber stellte den Sarg in eine mitgebrachte bleiverkleidete Kiste, ritzte eine Lilie in den Deckel und schaufelte ein neues Grab, halb unter den Kirchenfundamenten, halb unter dem Friedhof.

Der Sarg wurde 1846 und 1894 geöffnet. Beim zweiten Mal war es bewiesen: Das war nicht das Königskind – im Sarg lag das Skelett eines unbekannten Jungen zwischen 15 und 17 Jahren. Ludwig XVII. konnte aber bei seinem Tod höchstens zehn Jahre alt gewesen sein. Nach dem mysteriösen Verschwinden des kleinen Ludwig meldeten sich insgesamt fast 50 siebzehnte Ludwigs, jeder mit einer spannenden oder rührenden, immer erlogenen Geschichte. In Gleizé, Département Rhône-Alpes, war der Baron de Richemont seiner eigenen Geschichte bis in den Tod treu – sein Grabstein trägt die Inschrift »PAUVRE LOUIS«.

Adresse Cour Debille | **Metro** 9, Station Voltaire | **Tipp** Im Museum für Stadtgeschichte, Hôtel Carnavalet, (Eintritt frei) sind Schreibübungen des kleinen Ludwigs aus der Zeit seiner Gefangenschaft im Temple ausgestellt – als Grußformel ein diktiertes, revolutionär-pathetisches »Nationalement aimé«, naiv signiert mit »Louis Dauphin«.

19__Die Cour de Rohan (6. Arr.)

Herrlich ruhig gelegen

Hinter dem Eisentor am Ende der Rue du Jardinet, das sonntags verschlossen bleibt, verstecken sich die drei vornehm-stillen Höfe der Cour de Rohan. Im ersten Hof hat ein Brunnen aus dem 14. Jahrhundert die Zeiten überdauert. Der Brunnenrand ist aufwendig mit Wasserspeiern verziert – hier wohnten keine armen Leute. Ein ähnlicher Hinweis findet sich im zweiten Hof, wo hinter dem Durchgangstor ein lange nicht mehr benutzter eiserner Dreifuß steht: der letzte »pas-de-mule« von Paris, mit dessen Hilfe Herren und Damen, ältere Herrschaften sowie Priester elegant ihr Maultier, »mule«, erklimmen konnten. Arm ging zu Fuß.

In dieser Cour bestätigt darüber hinaus eine verbliebene Renaissancefassade, dass der Quadratmeterpreis in dieser Gegend nicht erst kürzlich in die Höhe ging. Hier waren Adel und hohe Geistlichkeit angesiedelt. Die schwerreichen Erzbischöfe von Reims unterhielten in dieser Ecke ihr Pariser »pied-à-terre«.

Im 14. Jahrhundert gaben sie es an die Erzbischöfe von Rouen (später »Rohan«) weiter. Die blieben bis 1584, dann verkauften sie. Das verlassene Gemäuer wurde abgerissen, ein Teil der Fundamente jedoch für den Bau eines neuen Palastes genutzt, zu dessen Nebengebäuden der erhaltene Renaissanceflügel gehört – einer von zweien, die den kleinen Hof umschlossen. Den Palastneubau soll Diane de Poitiers, lebenslanges Liebchen Heinrichs II., als Erste bezogen haben.

In memoriam der Erzbischöfe von Rouen brachte man an einigen Fenstern ihr Wappen an, eins ist noch erhalten. An dem Ring im Boden im Durchgang zum dritten Hof kann man die schwere Klappe zu den alten Kühlkellern aufziehen – wenn man kann. Terrasse und Treppe an der Nordwand des letzten Hofs stehen auf gut sichtbaren, 800 Jahre alten Resten der Philippe-Auguste-Stadtmauer, durch die 1791 eine Bresche geschlagen wurde, um die Cour de Rohan mit der Cour du Commerce Saint-André zu verbinden.

Adresse Rue du Jardinet | Metro 4, 10, Station Odéon | Tipp Die Cour du Commerce Saint-André ist ein komplett erhaltener Handelshof aus dem 17. Jahrhundert, das dort gelegene »Procope« das älteste Restaurant der Stadt.

20 Die Cour Saint-Émilion
(12. Arr.)
Pariser Weindorf

Ein Saint-Émilion ist was Besonderes. Über diesen Roten geraten Weinkenner ins Schwärmen, doch allein deswegen wird keine Metro-Station nach ihm benannt, nicht mal in Paris. Die Metro-Station »Cour Saint-Émilion« gehört zur Linie 14, die den einstmals brummenden Weinhafen von Bercy, der ab Mitte des 20. Jahrhunderts rapide an Bedeutung verlor, seit 1998 wieder mit der Stadt verbindet. Während der Arbeiten zum Bau der Bahn wurden en passant noch drei Pirogen aus Eiche gefunden und ihre Entstehungszeit auf 4.500 Jahre vor Christus datiert.

Vor den Weinlagern von Bercy, den »chais«, verlief die Pariser Zollgrenze am Quai de la Rapée durch die Seine. Bercy lag daher nicht nur außerhalb der Pariser Zollschranken, es unterstand als eigenständige Gemeinde auch nicht dem Pariser Polizeipräfekten. Dieser kostengünstigen, weil zollfreien Lage außerhalb der Reichweite der Pariser Polizei verdankt Bercy seine ruhmreiche Zeit als größter Weinumschlagplatz der Welt, die 1860 begann. Der Wein wurde von den Seine-Schiffen gelöscht, in den Schuppen zwischengelagert, verzollt und dann in die Hauptstadt transportiert. Schuppen, Schienen und Transportmittel wurden sogar zu gemeinnützigen Einrichtungen erklärt. Bis in die Mitte des 20. Jahrhunderts wurde in Bercy Wein umgeschlagen. Dann begann der Niedergang. Der Bau der Bibliothèque Nationale François Mitterrand Mitte der 1990er Jahre weckte die Sandsteinhäuschen unter den morschen Gerippen ihrer Holzdächer. Mehr als 40 dieser Holzbaracken, in denen früher das noble Getränk aus Saint-Émilion umgefüllt worden war, wurden zu einem Weindorf hergerichtet und mit kleinen Geschäften und Restaurants wiederbelebt. Viele der alten Schienen blieben erhalten oder wurden neu verlegt. Zur Stadt hin erstreckt sich ein Park, den eine hohe Mauer wirksam vor Straßenlärm schützt. Es ist nicht alles echt in Bercy, aber ein Besuch lohnt sich.

Adresse Rue François Truffaut | **Metro** 14, Station Cour Saint-Émilion | **Tipp** Hinter dem Weindorf führt die Rue Baron Le Roy an zwei echten Bercy-Häuserreihen vorbei, der Rue de Thorins und der Rue de Mâconnais, in der sich die Werkstatt eines Maskenherstellers und ein privates Kirmesmuseum verbergen.

21 Die Crypte Archéologique
(1. Arr.)
Alte Steine in bunter Mischung

Nüchterner ging's wohl nicht – die Treppe zur »Crypte archéologique du parvis Notre-Dame« könnte auch als Parkhauseingang dienen. Dafür geht's hinter Eingang und Kasse in aller Stille drunter und drüber. Die Stadt Paris hat die Krypta gezwungenermaßen eingerichtet und im Jahr 1980 eingeweiht. Bereits 1965 waren hier archäologische Funde gemeldet worden. Diese Meldungen hatte man geflissentlich überhört und im Jahr 1970 an derselben Stelle zu einer Tiefgarage ausgeholt, bei deren Bau die Arbeiter auf alte Mauern stießen. Seitens der Stadt wurde auf Anfrage befunden, dass in Paris alte Steine in genügender Anzahl zum Anschauen zur Verfügung stünden und die Tiefgarage prioritär einzustufen sei. Die Politik mischte sich ein, und am Ende ging der Kampf Tiefgarage gegen Krypta zugunsten der alten Steine aus.

Die fast 120 Meter lange Krypta lädt zur Zeitreise in die bauliche Entwicklung der Stadt ein. Darüber, auf dem geräumigen Platz vor der Kathedrale, kann man sich kaum vorstellen, wie eng bebaut die Seine-Insel einmal war. Hier standen Reihen kleiner Hütten, die mit den Fachwerkhäusern aus dem 15. Jahrhundert, der Kirche Sainte-Geneviève des Ardents und dem ersten Gebäude des Hôtel-Dieu erst vor 150 Jahren dem Vorschlaghammer zum Opfer fielen. Natürlich sorgte diese Maßnahme auch für frische Luft und Eindämmung der Seuchen, aber scheinbar schmerzt sie bis heute, und vielleicht wurden daher Konturen der verlorenen Gebäude in farbigen Steinen in die glatten Fliesen vor Notre-Dame gekachelt.

In der Krypta gibt es einen Teil des antiken Hafenkais von Lutetia zu bestaunen, Mauern der öffentlichen Bäder aus galloromanischer Zeit mit Heizungsröhren und Wasserleitungen, darauf ein Stück Stadtmauer aus dem 4. Jahrhundert. Teile der Kapelle des ersten Hôtel-Dieu stehen nach wie vor an den mittelalterlichen Steinen der Rue Neuve Notre-Dame.

Adresse 7, Place Jean-Paul II | **Metro** 4, Station Cité | **Öffnungszeiten** der Krypta: Di–So 10–18 Uhr | **Tipp** An Nummer 3 des Boulevard du Palais empfängt die ehrwürdige Maison BOSC ihre Kunden. Hier schneidert man seit 1845 offizielle Gerichtsgewänder, Talare und Roben in jeder Form und Farbe.

22 Die Darse du Fond de Rouvray (19. Arr.)

Schlafender Hafen

Das Netz der Pariser Wasserkanäle besteht aus dem Canal Saint-Martin, dem Bassin de la Villette, dem Canal Saint-Denis und dem Canal de l'Ourcq. Das sind insgesamt 130 Wasserkilometer. Nicht zu vergessen 250 brachliegende Wassermeter hinter einer Drehbrücke samt Brückenwärterhäuschen: die Darse du Fond de Rouvray, eine friedliche Sackgasse. Das geschützte kleine Hafenbecken wird an einer Seite vom Quai de Metz gesäumt und muss in all seiner Beschaulichkeit zwei Herren dienen: Der Stadt Paris gehört der Norden, an den ein öffentlicher Park und die »Grande Halle de la Villette« grenzen, dem Ministère de la Culture der Süden, zu dessen Gebäuden hinter dem Quai de la Marne auch ein vermülltes Stückchen Land gehört, das vor vielen Jahren in die Hände der Hausbesetzerszene geriet.

Der Pariser Bürgermeister Delanoë will Gutes tun, seiner Kanalbehörde ein schöneres Umfeld gönnen und das Amt mit Bediensteten ans Ufer der Darse du Fond de Rouvray verlegen. Das alte Fabrikgebäude auf der Seite des Brückenwärterhäuschens wird zu diesem Behufe kostenintensiv zum Bürogebäude umfunktioniert. Aber die undankbaren Kanalbeamten hängen an ihren Büros am Quai de Seine, in bequemer Nähe zu Restaurants und zum Kino-Center MK2. Sie wehren sich mit Händen und Füßen gegen den Umzug in die neuen Gebäude, die zwar idyllisch liegen, aber mit öffentlichen Transportmitteln nur umständlich zu erreichen sind (wobei »umständlich« in Frankreich bei einem Fußmarsch von mehr als zwei Minuten beginnt).

Schade. Hätten sich die beiden Eigentümer der Darse auf ein gemeinsames Projekt geeinigt, wäre ein Yachthafen mit Hafenmeisterei und Hafencafé entstanden. Die Kanalbehörde hätte sich einen Umzug erspart, und der verlassene Wasserarm hätte garantiert einen fulminanten Aufstieg zum »In-place« des Pariser Ostens hingelegt.

Adresse Rue Adolphe Mille | **Metro** 5, Station Ourcq | **Tipp** Über das Bassin de la Villette führt der Pont de Crimée, die einzige Hebebrücke in Paris, in Betrieb seit 1885. Direkt daneben bietet eine Fußgängerbrücke einen sehr guten Beobachtungsposten.

23___ Das Delaville Café (10. Arr.)
Ex-Puff mit Restauration

Hinter der Allerweltsterrasse des Delaville Cafés blinkt eine gülde-
ne Inneneinrichtung. Von außen ist das nicht zu erkennen. Es wirkt
für ein Café eher überladen, allerdings gehörte dieses Haus vor 1946
zur ersten Kategorie der Pariser Freudenhäuser. Hinter Marmorsäu-
len, Wandmosaiken und Spiegeln führt eine Treppe in den ersten
Stock. Schwülstiges aus der schwülstigen Napoleon-III.-Epoche für
Freier, die beim Hinaufgehen wahrscheinlich weniger auf die Inneneinrichtung achteten. Heute muss man den Saal im ersten Stock
mieten, um diese Stufen hinaufsteigen zu dürfen.

Es ist das einzige von 177 offiziellen Pariser »maisons de passe«,
dessen Räumlichkeiten gut erhalten und öffentlich zugänglich sind,
nachdem Marthe Richard, Politikerin und Ex-Hure, das Gesetz Nummer 46658 »zur Schließung der Bordelle und zum Kampf gegen die
Zuhälterei« durchbrachte. Am 13. April 1946 schlossen alle 1.400
französischen »maisons closes« ihre Türen und öffneten ihre Fenster-
läden. Vom Pariser »Le Sphinx«, 31, Boulevard Edgar-Quinet, blieb
die Fassade, in der Rue des Moulins Nummer 6, wo Toulouse-Lautrec
zur Begleichung seiner Schulden die Wände verzierte, blieben die beiden Vordächer im Originalzustand von 1827, vom »Alys«, 15, Rue
Saint-Sulpice, blieb das Mosaik mit dem Namen auf der Schwelle.

Eines der bekanntesten Häuser, das »Chabanais«, Nummer 12 der
gleichnamigen Straße, war wegen seiner zwei Aufzüge beliebt – für je
eine Person, eine nach oben und eine nach unten, so wurden peinliche
Begegnungen geschickt vermieden. In den Salons und unterschied-
lich eingerichteten Zimmern dieses Etablissements trafen sich Herren
aus der ganzen mit einer Schar von Damen aus der halben Welt, den
»pensionnaires«. Mancher Staatsführer wünschte, das berühmte Etablissement zu sehen. Solch ein Besuch wurde als »Visite au Président du
Sénat« ins offizielle Programm aufgenommen. König Edward VII.
und Marlene Dietrich samt Gefolge waren Dauergäste, sonntagnach-
mittags waren die Türen des Edelbordells für Familien geöffnet.

Adresse 34, Boulevard de Bonne Nouvelle | Metro 8, 9, Station Bonne Nouvelle | Tipp
Die Passage du Prado lädt zu einer realistischen Reise in den Norden Afrikas ein.

24 Die Dupuytren-Statue im Hôtel-Dieu (1. Arr.)

Modisches Vorbild

In Köln ist nur einmal im Jahr Rosenmontag, im Park des Hôtel-Dieus jeden Tag. In diesem Krankenhaus ist eine Abteilung der Medizinischen Fakultät untergebracht, und die Studenten nehmen via Kostümierung Jahresereignisse auf die Schippe. Kostümiert wird nicht am lebenden Objekt, sondern an der Statue von Baron Guillaume Dupuytren, einem hochverdienten Wissenschaftler, Hofchirurg zweier Könige und Entdecker einer nach ihm benannten Handerkrankung. Er operierte und lehrte am Hôtel-Dieu und verfasste eine Reihe viel beachteter chirurgischer Schriften. Unter der Leitung des zielstrebigen, fleißigen, zuverlässigen und erfolgreichen Barons erlangte die Chirurgie des Hôtel-Dieus Weltruf.

Nun war der tugendhafte Dupuytren bei weniger arbeitsamen Kollegen nicht geschätzt. Auch sein Privatleben, Madame Dupuytren, litt unter dem beruflichen Eifer des Gatten, reichte die Scheidung ein und versuchte, die Angelegenheit zu beschleunigen, indem sie dem untadeligen Ernährer eine Affäre andichtete. Selbst der späte Wiedergutmachungsversuch in Form seines Abbilds im Garten des öffentlich zugänglichen Innenhofs des Hôtel-Dieus muss seit Beginn der Denkmal-Maskerade als gescheitert angesehen werden. Fleißiger, glückloser Dupuytren.

Zu jedem Semesteranfang aufs Neue wählt die Studentenschaft Statuenkostüme nach Themen von französischem oder weltweitem Interesse. Das abgetragene Outfit wird dafür nicht etwa abgewaschen, sondern samt Statue entsorgt – die Klinikleitung hortet im Keller einen entsprechenden Vorrat. Er ist schon als alles Mögliche gegangen, der arme Mann: als Metro-Ticket, zur 200-Jahr-Feier 1989 als Marianne, als Rugby-Spieler im Trikot der Nationalmannschaft, als Asterix, Darth Vader, Heath Ledgers Joker, Schneewittchen und Schlumpf. Dupuytren fehlte für Humor indes die Zeit.

Adresse Hôtel-Dieu, 1, Place du Parvis Notre-Dame | **Metro** 4, Station Cité | **Tipp** Im obersten Stock des Hôtel-Dieus ist ein Hotel untergebracht, beste Lage, man nächtigt halt im Krankenhaus.

25 — Der Eiffel-Schornstein (7. Arr.)

Über 100 Jahre treu

Meistens werden mehrere Stunden eines Paris-Kurzbesuchs in den Warteschlangen vor, unter und auf dem Eiffelturm geopfert. Da kommt es auf einen kleinen Umweg zu seinem völlig unbeachteten Begleiter doch wirklich nicht an. Nicht sonderlich hoch und leicht zu übersehen erhebt sich das Mini-Industriedenkmal neben dem westlichen Pfeiler des Turms. Vor mehr als 120 Jahren war es ein Schornstein des Dampfmaschinen-Antriebssystems der ersten Aufzüge im zunächst viel geschmähten Stahlgerüst, das einige Zeit brauchte, bevor es zum Wahrzeichen der Stadt avancierte. Natürlich ist die historische Aufzugmaschinerie durch moderne Nachkommen ersetzt. Beharrlich hält sich jedoch das Gerücht, man gelange durch das Schornsteininnere und die Verbindungsrohre immer noch in die alten Maschinensäle.

Können die paar schlichten Ziegelsteine und das bisschen Mörtel 10.000 Tonnen Stahl, 2,5 Millionen Nieten und 60 Tonnen Farbe (alle sieben Jahre aus Krefeld herangeschafft und aufgetragen) die Schau stehlen? Niemals. Der kleine Schornstein ist ein Mahnmal der Bedeutungslosigkeit. Trotzdem – wahrscheinlich bedeutet das winzige Klinkerrohr seinem mächtigen Nachbarn mehr, als der nüchterne Betrachter ahnt. Schließlich stehen sie seit 1887 nebeneinander und haben sich gemeinsam eine Menge ansehen müssen. Und immer wahren sie Distanz, nähern sie sich nicht an, entfernen sich nicht. Irgendwie rührend, so eine alte Männerfreundschaft.

Gleich nebenan führt die »Allée des Refuzniks« durch die Grünanlagen vom Seine-Ufer Richtung Marsfeld. »Refuzniks« wurden in der damaligen UdSSR Menschen genannt, denen die Apparatschiks die Ausreise verweigerten. Der Sandweg ist kein aufsehenerregendes Monument, aber seine Benennung steht für das ehrliche Mitgefühl und die Solidarität der Franzosen mit denjenigen russischen Bürgern, oftmals jüdischen Glaubens, die vom damaligen sowjetischen System gegen ihren Willen im Land festgehalten wurden. Liberté, Egalité, Fraternité.

Metro 6, Station Trocadéro | Tipp Im Palais de Chaillot, direkt gegenüber dem Eiffelturm, zeigt die »Cité de l'architecture et du patrimoine« auf 8.000 Quadratmetern Replika berühmter französischer Bauwerke wie zum Beispiel des Portals der Kathedrale von Chartres in Originalgröße.

26 Das Fermette Marbeuf
(8. Arr.)
Mit dem Presslufthammer wach geküsst

Das Goldene Dreieck von Paris wird begrenzt durch die Champs-Élysées, die Avenue Montaigne und die Avenue George V. Die Rue Marbeuf liegt mittendrin. Sehr feines Pflaster, teure Geschäfte, gehobene Gastronomie. Kein Supermarkt. 1978 wollte man Abhilfe schaffen und begann mit Renovierungsarbeiten im Haus Nummer 5 der Rue Marbeuf. Das Erdgeschoss hatte vorher dem Restaurant des lange geschlossenen Hotel Langham in der Rue du Boccador als Lager gedient. Als die Handwerker darangingen, die vielen nachträglich eingezogenen Gipswände abzuschlagen, fanden sie sich zu ihrer großen Überraschung in einem Jugendstil-Speisesaal wieder. Ein hauchzartes Meisterwerk in Blau und Grün. Die Bauarbeiten wurden gestoppt. Recherchen ergaben, dass man in den verschollenen Speisesaal des Hotels Langham eingedrungen war, 1898 von einem Maler Wielhorski geschaffen. Dann schlummerte der Speisesaal erst mal weiter.

1982 wurde auf eigenes Ersuchen ein Kunstexperte in den Saal geführt. Nach kurzer Betrachtung erklärt er ehrfurchtsvoll: »Es ist der gleiche!« Der verlorene Zwilling des Wintergartens, von dem bis dato niemand gewusst hatte, stand damals im hintersten Winkel des Schlossparks von Maisons-Laffitte zur Versteigerung. Und endlich ging alles ein bisschen flotter. Im November 1982 wurde der Wintergarten gekauft, 1983 wurden Inventar und Saal unter Denkmalschutz gestellt. Die Wiedervereinigung war schwierig und langwierig. 1898 waren 5.000 Einzelscheiben zu Wänden und Decken zusammengefügt, die einzeln abgenommen, nummeriert und an Ort und Stelle angebracht wurden. Besucher der »Fermette Marbeuf 1900« sollten einen Tisch in der »grande salle« bestellen. Zunächst durchquert man den sehr schönen Wintergarten aus Maisons-Laffitte. Und dann bleibt den meisten wirklich die Spucke weg, so bezaubernd ist der Dornröschensaal.

Adresse 5, Rue Marbeuf | **Metro** 9, Station Alma Marceau, Place de l'Alma/Avenue Montaigne | **Tipp** Marlene Dietrich wohnte in der vornehmen Avenue Montaigne Nummer 12. Hinter den Fenstern des vierten Stocks stand das Bett, in das sie sich 1979 zurückzog und in dem sie am 6. Mai 1992 starb.

27 __ Das Finanzministerium
(12. Arr.)
Mit einem Fuß im Wasser

Zwischen der Gare de Lyon und dem Palais Omnisports Paris-Bercy ist das Finanzministerium eingeklemmt. Genauer gesagt, das Ministerium für Wirtschaft, Finanzen und Beschäftigung und das Ministerium für Staatshaushalt und Staatsreformen. Lange Namen, viele Büros, großer Komplex. Die Fassade ist unverputzt, roher Beton. Das war in den 1980er Jahren angesagt. Roher Beton heißt auf Französisch »béton brut«, dieser Architekturstil wird daher mit »Brutalismus« korrekt und treffend beschrieben. Über dem Dach schwebt ein Hubschrauberlandeplatz, unter dem Erdgeschoss ragt ein Gebäudefuß ins Wasser. Darüber ragt ein Querriegel auf und markiert den Verlauf der früheren Zollgrenze durch die Seine. Seineabwärts zahlte man Steuern und Zoll, seineaufwärts hatte man andere Probleme. Das Gelände verhinderte eine parallel zum Fluss klassisch verlaufende Gebäudeanordnung. Außerdem wurde mehr Platz benötigt, als zur Verfügung stand, deshalb wurde in den Fluss gebaut und damit ein »großes Tor im Osten geschaffen, das der Stadt bislang fehlte«. Dies die offizielle Begründung, denn das Gebilde erinnert – wenn überhaupt – mehr an einen Brückenkopf als an ein Tor, aber Brücken gibt's im Pariser Osten genug. Die einzelnen Gebäudetrakte sind nach bekannten Größen vergangener Tage benannt. Colbert (Finanzminister, Ludwig XIV.), Vauban (Festungsbaumeister, Ludwig XIV.), Necker, Turgot (beide Finanzminister, Ludwig XVI.) und Sully (Finanzminister, Heinrich IV.) sollen das Unmögliche möglich machen und dem Grau der Mauern Glanz verleihen.

Am gebäudeeigenen Hafen stieg auch Ex-Bundeskanzler Schröder an Land, als er mit dem Schiffchen zum offiziellen Besuch eintraf. Sein kleines Wasserfahrzeug sah genauso harmlos aus wie die, die ständig unter dem Bau rumdümpeln. Nur die bedampften Scheiben verraten, dass dahinter für eine Art von Sicherheit gesorgt wird, die sich gern hinter solchen Scheiben versteckt.

Adresse 135, Rue de Bercy | **Metro** 14, Station Bercy | **Tipp** Die Seine-Linie »Voguéo«
beginnt in Maisons-Alfort, mündet mit der Marne in die Seine und bringt ihre Passagiere
365 Tage im Jahr bis zur Gare d'Austerlitz. Die nächste Haltestelle ist Parc de Bercy. Für
3 Euro kann man von diesen Schiffen aus das Finanzministeriumsgebäude von der Wasser-
seite aus betrachten, bis zur Gare d'Austerlitz oder einmal die gesamte Strecke fahren.

28 — Das Flèche d'Or (20. Arr.)

Kleiner Bahnhof, laute Musik, gelegentlich Schüsse

Auf dem Boden sind noch die Führungen für die Gepäckwägelchen, an der Decke die Schienen für die Haken mit schweren Lasten zu sehen. Dieser altmodische Holzschuppen direkt gegenüber einem Design-Hotel ist der frühere Bahnhof Charonne. Innen ist es in manchen Bereichen auch tagsüber stockfinster. Wenn abends die Spots angehen, wird es laut: Im »Flèche d'Or« wird gerockt, und das heavy, will sagen: laut. Von den grellen Kunstlederbänken im Café hinter der Tanzfläche blickt man auf eine verwilderte Schienentrasse – falls das möglich ist, da die Scheiben von den Gleisen aus oft mit Steinen beworfen oder gern auch mal beschossen werden, und bis zum Ersatz der Scheiben bleibt der Raum geschlossen.

Den Namen »Flèche d'Or«, Goldpfeil, verdankt das Haus einer der kleinen Dampflokomotiven, die Paris auf ebenjenen Gleisen täglich mehrere Male umrundeten. Namenspate war ein französischer Luxuszug. Die Pariser Rundbahn hatte Mitte des 19. Jahrhunderts den Betrieb als Güterverkehrslinie aufgenommen. Lange vor dem Boulevard Périphérique umschloss sie Paris und hieß daher »petite ceinture«, kleiner Gürtel. Nach 1870, als die Franzosen bei Sedan den Krieg gegen die Preußen verloren hatten, verband sie zum besseren Schutz der Stadt auch die Vorstadtkasernen miteinander. Schon bald aber wurden die Bahnhöfe wieder vorwiegend genutzt, um Güterwaggons ohne den Umweg über das Stadtzentrum in die Randbezirke zu schicken. Schließlich rundeten Personenzüge das Transportangebot ab. Der Rundkurs auf Schienen war stets ausgelastet. Dieser Zuspruch nahm rapide ab, als das Metro-Netz ausgebaut wurde. 1934 wurde der Personenverkehr eingestellt, der Gütertransport erst 56 Jahre später. Seit 1990 liegen die Schienen brach, sind aber vollständig vorhanden, ebenso viele der alten Bahnhöfe. Die Trasse gehört der französischen Eisenbahngesellschaft SNCF und darf nicht bebaut werden. Seit Jahren versucht eine Bürgerinitiative zu erwirken, dass der alte Rundkurs wieder in Betrieb genommen wird. Bislang erfolglos.

Adresse 102bis, Rue de Bagnolet | **Metro** 2, Station Alexandre Dumas | **Tipp** Die Rue Saint-Blaise genoss, wie das Viertel Charonne, in dem sie liegt, einen mehr als schlechten Ruf. Mittlerweile haben sich beide nachhaltig aufgehübscht.

29 Die Freiheitsstatue (15. Arr.)

241 Kisten Freiheit westwärts

Lady Liberty ist eine echte Pariserin, geboren in einer Gießerei in der Rue de Chazelles, wo auch die Vendôme-Säule nach ihrem Sturz repariert wurde. Der Folgeauftrag lautete: Frauenstatue, 46 Meter hoch, Strahlenkrone, Fackel rechts, Tafel links, gesprengte Ketten am Fuß, kurzum: »Die Freiheit trägt das Licht der Aufklärung in die Welt.« Die Dame sollte 1876 zum Hundertjährigen der Unabhängigkeitserklärung die Freundschaft zwischen Frankreich und den USA bekräftigen. Auf Wohltätigkeitsveranstaltungen hatten die Franzosen Geld gesammelt und für das große Geschenk zusammengelegt. Ein Standort war ebenfalls bereits gefunden: Bedloe's Island, Hafeneinfahrt, New York.

Der Elsässer Bildhauer Frédéric-Auguste Bartholdi hatte die Statue erdacht, den Standort in New York ausgesucht und das Außendesign bereits detailliert festgelegt. Das Gesicht seiner Lady formte er nach dem Bild von Isabella Boyer, Gattin des Isaac Singer, Nähmaschinenerfinder. Dann geriet die Angelegenheit ins Stocken. Erst 1875 konnte Bartholdi mit Maurice Koechlin, Chefkonstrukteur bei Eiffel, einen Fachmann für die eisernen Dessous gewinnen. Ab 1875 wurden in der Rue de Chazelles maßstabsgetreue Modelle in ansteigender Größe gegossen. Schließlich erhob sich die berühmte Silhouette in Originalgröße über dem 17. Pariser Arrondissement. Dann wurden die Kupferplatten vorsichtig von Koechlins Stahlkorsett abgenommen, in 241 Kisten verpackt, über den Atlantik geschippert und dort wieder zusammengesetzt. Zehn Jahre nach den Feiern zur Unabhängigkeit enthüllte Bartholdi sein Werk am 28. Oktober 1886.

Das erste, drei Meter hohe Muster aus der Rue de Chazelles war 1986 auf Besuch in New York und 2001 in Amsterdam. Jetzt steht es im Jardin du Luxembourg, daneben eine Eiche, gepflanzt für die Opfer des 11. September. Eine weitere Liberty-Schwester reckt ihre Flamme im Musée des Arts et Métiers.

Adresse Île des Cygnes | **Metro** 6, Station Bir-Hakeim | **Tipp** An der Place de L'Alma steht Lady Libertys Fackel in Originalgröße. Dies ist das Geschenk der USA an Frankreich für die Restaurierung der hundertjährigen Statue 1989. Im Tunnel darunter rasten Prinzessin Diana und ihr Dodi in den Tod, daher die vielen Fotos.

30 — Die Geburtsurkunde der USA (1. Arr.)

Place of birth: France

Die kleine Flucht aufeinanderfolgender Paläste auf der Nordseite der Place de la Concorde beginnt und endet mit Ludwig XVI. und den USA. Von der Seite der Botschaft der USA blickt man auf einen alten Straßennamen, eingemeißelt in die Wand des altehrwürdigen Hôtel de Crillon: »Place Louis XVI«. Glatt vergessen, abzuschlagen.

Einen Palast weiter, an der Ecke zur Rue Royale, nimmt eine Marmortafel hinter den Arkaden des Automobile Club de France das Thema Ludwig XVI. und die USA wieder auf. Ein Text mit ein paar Unterschriften, »Louis« kommt auch drin vor, aber der wichtigste Name ist »Benjamin Franklin«. Für die Vereinigten Staaten stellt diese immer übersehene Platte eine der wichtigsten auf Pariser Boden dar, denn in diesem Gebäude traf sich im Februar 1778 eine kleine Gruppe von Amerikanern und Franzosen, um Freundschafts-, Handels- und Bündnisverträge zu unterzeichnen. Mit den Verträgen erkannte Frankreich die Unabhängigkeit der Vereinigten Staaten an – als erste Nation überhaupt. Zwar war die Unabhängigkeitserklärung lange unterschrieben, aber zu ihrem Glück fehlte der amerikanischen Nation noch die internationale Anerkennung. Offiziell gab es noch gar keine Amerikaner. Englische Muttersprachler in den transatlantischen Territorien waren Untertanen der britischen Krone.

Drei Jahre lang hatte Franklin als Gesandter in Paris auf die Unterzeichnung der heiß ersehnten Abkommen hingearbeitet. Dann hat es geklappt: Seite an Seite mit Frankreich wurde dem Vereinigten Königreich eins ausgewischt. Die versteckte Marmortafel ist die Geburtsurkunde der Vereinigten Staaten von Amerika. Place of birth: France. Danach mussten die Vereinigten Staaten freilich noch jahrelang im Unabhängigkeitskrieg gegen die Briten kämpfen. Die wollten es einfach nicht wahrhaben, dass sie ihre schöne Kolonie in Übersee verloren hatten.

Adresse Place de la Concorde zwischen Rue de la Boissy d'Anglas und Rue Royale | **Metro** 1, Station Concorde | **Tipp** Mitten auf der Place de la Concorde, vor dem Obelisken, ist eine Bronzeplatte dort in den Boden eingelassen, wo Ludwig XVI. angeblich geköpft wurde. In Wahrheit stand das Schafott auf der nordwestlichen Ecke des Platzes, wo es heute hinab ins Parkhaus geht.

AU NOM DE LOUIS XVI FRANCE
BENJAMIN FRANKLIN
SILAS DEANE, ARTHUR LEE,
AU NOM DES ETATS-UNIS D'AMÉRIQUE,
ONT SIGNÉ LES TRAITÉS
D'AMITIÉ DE COMMERCE ET D'ALLIANCE,
PAR LESQUELS LA FRANCE,
AVANT TOUTE AUTRE NATION
RECONNAISSAIT L'INDÉPENDANCE
DES ETATS-UNIS.

IN THIS BUILDING
ON FEBRUARY 6 TH 1778
CONRAD A. GERARD
IN THE NAME OF LOUIS XVI, KING OF FRANCE,
BENJAMIN FRANKLIN,
SILAS DEANE, ARTHUR LEE,
ON BEHALF OF THE UNITED STATES,
SIGNED THE TREATIES
OF FRIENDSHIP, COMMERCE AND ALLIANCE,
BY WHICH FRANCE,
FIRST OF ALL NATIONS,
RECOGNIZED THE INDEPENDENCE
OF THE UNITED STATES.

31 Das Grab des Victor Noir
(20. Arr.)
Friedhofsfruchtbarkeitsrituale

Die Platte über dem Grab auf dem »Cimetière du Père-Lachaise« zeigt ihn so, wie er gefallen ist - Victor Noir, der mit bürgerlichem Namen Yvan Salmon hieß. Als er im Januar 1870 zu Grabe getragen wurde, gaben ihm über 100.000 Menschen das letzte Geleit. Viele von ihnen hatten weder von Yvan noch von Victor je gehört – sie waren gekommen, um Napoleon III. zu ärgern, dessen Niedergang stündlich gewisser wurde.

Victor war Journalist und 22 Jahre alt, als er zwei Tage zuvor fatalerweise gemeinsam mit einem Kollegen bei Prinz Pierre Bonaparte, Neffe des ersten und Cousin des dritten Napoleon, vorsprach. Sie sollten den adligen Hitzkopf zum Duell mit ihrem Chefredakteur fordern, den der Prinz öffentlich diffamiert hatte. Ein Streit entbrannte, Noirs Begleiter zog seinen Revolver. Daraufhin zog der stets bewaffnete Prinz seinen und traf Victor Noir ins Herz. Dieser starb auf der Straße vor dem Haus. Bonaparte wurde zur Zahlung von 25.000 Franken an die Eltern von Victor Noir verurteilt und blieb ein freier Mann. Die Beerdigung geriet zum Aufstand gegen die Kaiserherrschaft. Die Menschen spannten die Pferde vor dem Leichenwagen aus und zogen ihn eigenhändig zum Friedhof von Neuilly, den man ausgewählt hatte, um Unruhen zu vermeiden ... 1891 wurde der Sarg dann doch auf den Friedhof Père-Lachaise überführt. Die Grabplatte zeigt Noir nach dem Attentat, den Zylinder neben sich. Im Schritt ist die Figur ein Nümmerchen zu viril geraten, daher wurde das Grab über die Jahre zur Pilgerstätte für Frauen mit unerfülltem Kinderwunsch und anderen nabelabwärts angesiedelten Wünschen. Alles, was an dem Bronzebild hervorsteht, ist stets hochglanzpoliert. Die Friedhofsverwaltung hatte das Grab einmal kurz zum Schutz vor diesem Frevel mit einem Zaun umstellt. Die Damenwelt protestierte mit Plakaten: »Liberté, égalité, féminité!« –, der Zaun verschwand.

Victor N
né
le 27 Jui
184

Adresse Cimetière du Père-Lachaise, 30, Boulevard de Ménilmontant | **Metro** 3, Station
Père Lachaise | **Tipp** »Einer muss jetzt gehen, die Tapete oder ich«, sagte Oscar Wilde kurz
vor seinem Tod. Die Figur über seinem Grab auf diesem Friedhof schaut mürrisch: Das, was
bei Victor Noir blitzeblank ist, hat man ihr schon vor Jahren geklaut.

32 Die Grande Mosquée de Paris (5. Arr.)

Religionsfreiheit

33 Meter hoch überragt das Minarett der Pariser Moschee seit 1926 die weitläufigen Anlagen des Jardin des Plantes. An der Ecke zur Rue Geoffroy Saint-Hilaire betritt man das dazugehörige Restaurant durch den maurisch verzierten Innenhof, wo unter Feigenbäumen bei Springbrunnengeplätscher in kleinen Gläsern süßer Pfefferminztee serviert wird. Die Moschee wurde zum Gedenken an über 100.000 Muslime erbaut, die während des Ersten Weltkriegs als französische Hilfstruppen in den Marne-Schlachten starben. Während des Zweiten Weltkriegs war das Gebetshaus unter der Leitung ihres Gründers Si Kaddour Ben Ghabrit eine wichtige Bastion des Widerstands, der Résistance. Jüdische Bürger fanden hier Rettung vor den Nazis und ihren französischen Helfern aus dem Vichy-Regime. In der ersten Zeit brachte die algerische Partisanenorganisation FTP verletzte englische Fallschirmspringer in den Schutz der Moschee, dann folgten jüdische Familien – zunächst nur so lang, wie es dauerte, falsche Papiere für die Flucht auszustellen. Später wurden viele Flüchtlinge auch längere Zeit in den Katakomben der Moschee versteckt. Unter Lebensgefahr wurde ihre Versorgung gesichert, wurden heimlich Lebensmittelmarken organisiert, um den täglichen Bedarf von über 1.600 Personen zu decken.

Seit einigen Jahren werden Aufzeichnungen und Zeugen dieser riskanten Manöver gesucht, die offiziell belegen sollen, dass hier Muslime ihr Leben für jüdische Mitbürger riskiert haben. Si Kaddour Ben Ghabrit soll nach Abschluss des umfangreichen Prüfverfahrens posthum der Titel »Gerechter unter den Völkern« verliehen werden. Der Titel wird durch eine Kommission unter der Schirmherrschaft der Gedenkstätte Yad Vashem vergeben und leitet sich aus einem Talmud-Satz ab: »Die Gerechten aus den Völkern haben einen Platz in der kommenden Welt.«

Adresse Place du Puits-de-l'Ermite | **Metro** 7, Station Place Monge | **Tipp** An der Ecke
Rue Daubenton, Rue Geoffroy-Saint-Hilaire wartet die Moschee mit einem lauschigen
Innenhof auf. Dort gibt's Pfefferminztee, Baklava und andere Süßigkeiten. Der Eintritt zu
den Gärten und Innenhöfen ist kostenlos, der Eintritt zum Hammam ist es nicht. Die
Gebetssäle sind Muslimen vorbehalten.

33__ Das Grand Palais (8. Arr.)

Kunst, Mode, Kirmes, Reitturniere

Am schönsten ist es, wenn es leer ist. Und dann geht leider kaum einer hin. Natürlich, es wirkt sogar dann groß, wenn während der Vorweihnachtskirmes wild schwingende Karussellarme an den Stahl-trägern vorbeifliegen. Allein mit seiner Größe könnte das Gebäu-de – wenn es wollte – den Models der Chanel-Modenschau samt Meister Lagerfeld die Schau stehlen. Aber wahre Größe tut so etwas nicht. Und das Grand Palais ist riesig.

Die Konstruktion ruht auf 3.400 Eichenpfählen, die in den Bo-den mussten, da sich die Seine-Seite des Terrains unter dem zukünf-tigen Palais als weniger tragfähig erwies als zunächst angenommen. Das Ganze geriet in Verzögerung, denn die Eichenstammaktion hat-te Zeit gekostet, und das Bauwerk sollte zur Weltausstellung 1900 eingeweiht werden. Als das Fundament fertig war, blieben bis dahin nicht mal mehr drei Jahre. 15.000 Arbeiter spuckten in die Hände und bastelten aus 17.000 Quadratmeter Steinplatten, 10.000 Kubik-meter Bausteinen, zwei Millionen Ziegelsteinen und 8.500 Tonnen Stahl die berühmte Form mit dem mächtigen Glasdach, das mit sei-nen 13.500 Quadratmetern heute noch das größte in Europa ist. Es wölbt sich über 72.000 Quadratmetern Nutzfläche, mehr als zehn Fußballfelder. Für einen Anstrich in Resedagrün benötigt man 60 Tonnen Farbe, genauso viel wie für den Eiffelturm.

Bis 1951 fanden regelmäßig Reitturniere statt. 2010 ließ das Haus Hermès diese Tradition wieder aufleben. Der Pariser Automobil-Sa-lon war 1961 aus dem Grand Palais vor die Stadt gezogen, wird aber von dort sicher nicht zurückkehren. Es gibt einfach zu viele Autos, nicht nur drinnen, auch draußen vor dem Palais. Und viel zu wenig Parkplätze für Autofreaks.

Immer wieder kehren Impressionisten für Ausstellungen unter dem gläsernen Dach ein. Manchmal allein, manchmal zu zweit, manchmal alle zusammen. Dann spielt das Grand Palais seine liebs-te Rolle als passender Rahmen für die schönsten Bilder der Welt.

SORTIE DE SECO
→

Adresse Avenue Winston-Churchill | Metro 1, 9, 13, Stationen Franklin-D.-Roosevelt oder Champs-Elysées-Clemenceau | Öffnungszeiten 10–20 Uhr, dienstags geschlossen | Tipp »We shall never surrender« steht direkt gegenüber auf der Tafel im Garten des Petit Palais vor der Bronzestatue von Winston Churchill. Man sieht es ihm an.

34 Das Grand Rex (2. Arr.)
Ganz großes Kino

650 Sitze fehlen dem Großen Saal des Grand Rex seit der Renovierung im Jahr 1974. Jetzt passen nur noch 2.650 Zuschauer in den Art-déco-Rausch mit seinen 300 Quadratmetern Leinwand, seinem roten Vorhang, dem italienischen Balkon und der spanischen Hacienda rechts und links der Bühne, den nostalgischen Licht- und Wasserspielen vor dem Hauptfilm, dem funkelnden Sternenhimmel, den Lüstern im Foyer. Die Rolltreppen darunter wurden von Gary Cooper persönlich eingeweiht, und er soll die Schere für das blau-weiß-rote Eröffnungsband wie einen Revolver gehalten haben.

Im Dezember 1932 wurde rauschend eröffnet, 3.300 Gäste in Frack und Abendkleid gaben sich die Ehre und weihten die Samtsessel ein, bevor sich einfacher Zwirn darauf niederließ. Oder grüngrauer Uniformstoff: Von 1940 bis 1944 trug das Grand Rex unter seinem Namenszug an der Fassade den Zusatz »Deutsches Soldatenkino«.

Die Nazis hatten das Kino requiriert, weil es »an strategisch wichtiger Stelle« lag – so die amtliche Begründung, denn den Soldaten ging's gut, klar. Ablenkung brauchten die nicht … Das Grand Rex bekam Wartesaalcharakter – an die Wand kam eine riesige Uhr, und die Filme wurden ständig für offiziöse Durchsagen für die Abfahrtszeiten der Züge nach Deutschland unterbrochen.

Nach der Befreiung von Paris durfte das Kino wieder Kino sein, bis auf eine kurze Unterbrechung von April bis Juni 1945, als im großen Saal das Heimkehrerzentrum eingerichtet war. 1957 rückte besagter Gary Cooper mit der Schere an und eröffnete besagte Rolltreppen, die Liftboys wurden arbeitslos. 1963 wurden die Premierengäste von »Cleopatra« zur Metro-Station »Invalides« gebeten. Von dort ging's mit der Metro bis vors Grand Rex, Station »Bonne Nouvelle«, und so wurde ein Verkehrskollaps auf dem Boulevard erfolgreich verhindert. Mittlerweile finden auf der gewaltigen Bühne des Grand Rex auch Livekonzerte statt.

Adresse 1, Boulevard de la Poissonnière | **Metro** 8, 9, Station Bonne Nouvelle | **Tipp**
»Les Étoiles du Rex«, die Tour durch Kino und Kinogeschichte, bietet einen umfassenden
Blick hinter die Kulissen des Riesenkomplexes. Öffnungszeiten Mi–So und an Feiertagen
10–19 Uhr.

35 __ Das Hauptportal von Saint-Merri (4. Arr.)

Teufel auch!

Im Zentrum des Hauptportals von Saint-Merri hockt eine Götzen-
figur, ein Hermaphrodit mit Widderhörnern und Klauen an den
Flügeln – ein »Baphomet«. Manche sehen darin einen Teufel, andere stellen sogar eine Verbindung zu den Templern her, die derartige
Wesen verehrt haben sollen, zumindest haben es einige von ihnen
gestanden – unter Folter. Andere meinen, es sei ein Symbol der
Weisheit oder Fruchtbarkeit. Diese Deutung trifft wohl eher zu, da
das Thema Fruchtbarkeit in Gestalt von Schnecken in den Girlan-
den am Portal wieder aufgenommen wird.

Die Heiligenstatuen rund um den Kircheneingang wurden nach
dem Vorbild derjenigen am Südportal von Notre-Dame gefertigt und
genau wie diese zerstört. Allerdings entging den Revoluzzern in ihrer Raserei die kleine Glocke in ihrem achteckigen Türmchen. Sie
läutete zu leise, und was man nicht hört, kann man nicht ein-
schmelzen. Die kleine »Merry« läutet zuverlässig seit 1331, als sie
gegossen wurde. An der Stelle, wo sich heute die Kirche erhebt, stand
damals die Kapelle vom heiligen Medericus, kurz: Merry. Nach ihm
taufte man auch die Glocke. Sie ist die älteste Glocke der Stadt.

Im Kircheninneren tilgte man im 18. Jahrhundert viele gotische
Spuren zugunsten einer flotten barocken Neugestaltung. Der mo-
numentale Lettner zwischen Chor und Kirchenschiff wurde 1709
abgerissen. Die Glasmalereien bekamen das Prädikat »unmodern«,
wurden zerschlagen und durch klares Glas ersetzt. Mehr Licht – das
Zeitalter der Erleuchtung kündigte sich an. Wegen des Strebens
nach Durchblick starb auch die Zunft der Glasmaler aus, die gemeinsam mit den Emailleuren seit 1185 in der nahen Rue de la Ver-
rerie gewerkelt hatten. Die Revolution schloss die Kirche, machte
aus ihr erst eine Pulverfabrik, dann drei Jahre lang den »Tempel des
Handels«. Seit 1803 darf sie wieder katholische Kirche sein.

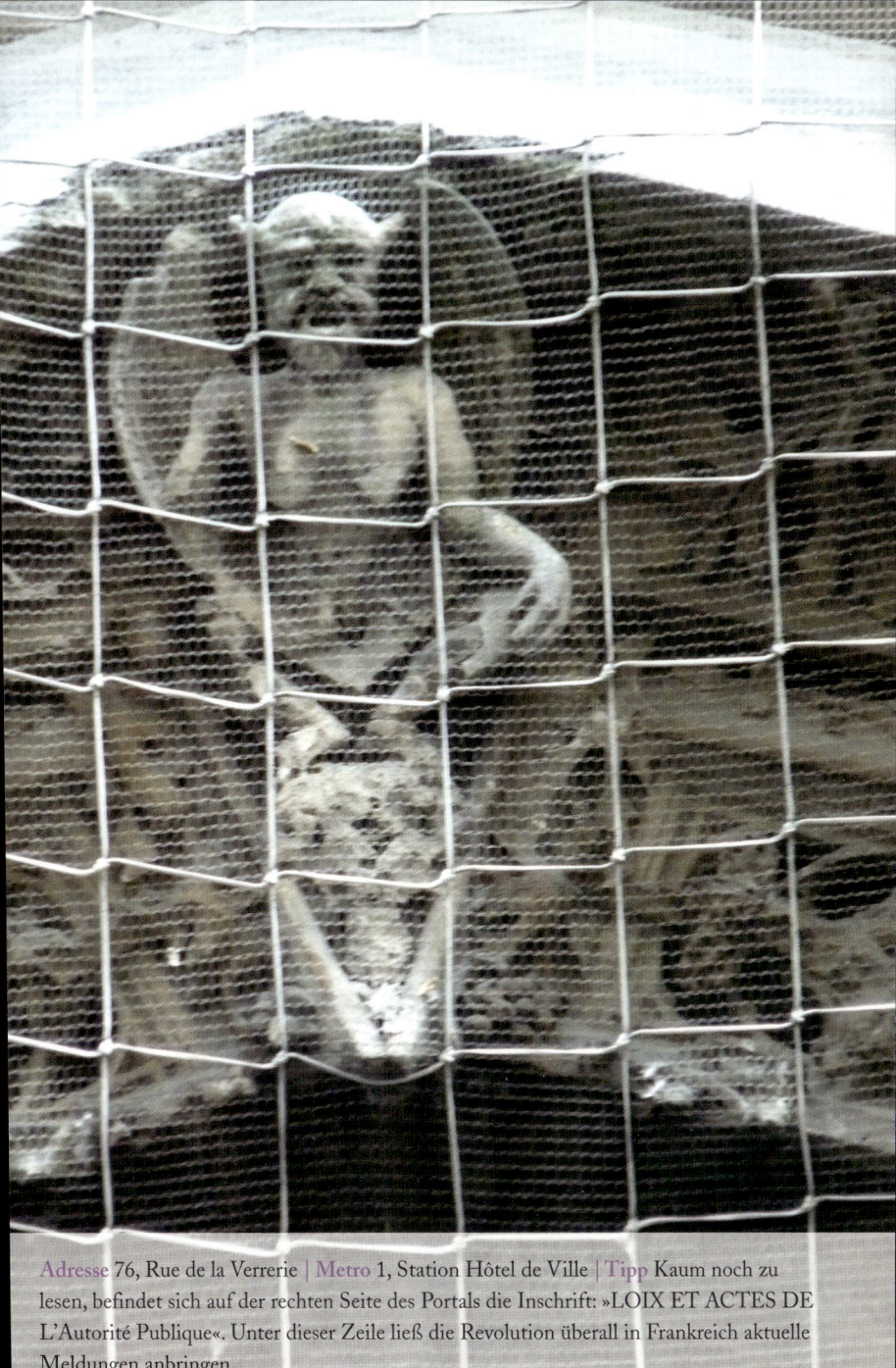

Adresse 76, Rue de la Verrerie | **Metro** 1, Station Hôtel de Ville | **Tipp** Kaum noch zu lesen, befindet sich auf der rechten Seite des Portals die Inschrift: »LOIX ET ACTES DE L'Autorité Publique«. Unter dieser Zeile ließ die Revolution überall in Frankreich aktuelle Meldungen anbringen.

36___ Das Haus von Fulbert (4. Arr.)

Héloïses böser Onkel

»MAISON DE FULBERT – ANCIENNE HABITATION D'HÉLOÏSE ET D'ABÉLARD« – eine Tafel an Nummer 11 des Quai aux Fleurs auf der Île Saint-Louis erinnert an eine berühmte Liebesgeschichte, denn hier sollen der Kanonikus Fulbert und sein Mündel Heloïse gelebt haben. Eine andere Theorie verweist auf die Nummer 10, Rue Chanoinesse. Unbestritten ist, dass Fulbert Heloïse an ihrem 17. Geburtstag den 33jährigen Philosophen Pierre Abélard als Hauslehrer einstellte. Zu kurz darauf schickte Abélard Héloïse nach Nantes: Söhnchen Pierre-Astrolabe wurde geboren. Fulbert zwang Abélard, Héloïse zu heiraten. Sie aber lehnte unemanzipiert ab: »Les hommes de talent« sollten sich nicht mit einer Familie belasten. Er insistierte, steckte seine heißblütige Geliebte aber nach heimlicher Hochzeit sofort ins Kloster und nahm in Paris seine Vorlesungen wieder auf. Pierre-Astrolabe blieb bei Tante Denise. Fulbert schäumte vor Wut über diese scheinheilige Ehe und ließ Abélard mittels zweier Backsteine entmannen.

Fortan lebte das Paar in getrennten Klöstern. Nach seinem Tod im April 1142 wurde Abélard in Saint-Marcel-sur-Saône bestattet. Im November ließ Äbtissin Héloïse den Sarkophag im von ihm gegründeten Kloster Paraclet beisetzen. Nach ihrem Tod 1164 legte man sie zu ihm. 1630 ließ eine bigotte Äbtissin die Gerippe getrennt begraben. 1701 wurden die Gräber wieder nebeneinandergelegt. 1792 packten Revolutionäre das, was übrig war, wieder in einen Sarg, setzten aber in der Mitte eine keusche Bleiwand ein. Aus Teilen des Paraclets wurde in Paris ein Mausoleum erbaut. Dieses wurde 1817 en bloc zum Friedhof »du Père-Lachaise« transportiert, auf dass das tote Liebespaar dessen Attraktivität erhöhe. Anfänglich wurde man nämlich nicht gern dort bestattet. Abélard ist im Mausoleum durch Teile von Oberschenkel und Schienbein, Rippen, Wirbel und einem Stück Schädeldecke vertreten, Héloïse hat ebenfalls ein paar Arm- und Beinknochen und den Kopf behalten. Zu spät.

Adresse 11, Quai aux Fleurs oder 10, Rue Chanoinesse | Metro 4, Station Cité | Tipp Das Pflaster vor dem Haus Nummer 26 der Rue Chanoinesse besteht teilweise aus alten Grabsteinen.

37 Das Herz Ludwigs XVII.
(Saint-Denis)
Der Habsburger Beweis

Ist Ludwig XVII. als Kind im Temple gestorben? An diesem Gerücht entspinnen sich bis heute die aberwitzigsten Geschichten. Nichts Genaues weiß man nicht. Besser: wusste man nicht. Bis 2004 war lediglich sicher, dass der königstreue Medicus Philippe-Jean Pelletan dem toten Dauphin Kopf und Korpus öffnete und – eins der seltenen Gerüchte, das tatsächlich der Wahrheit entspricht! – unter anderem das Herz entnahm. Das war bei Königs und Familie üblich, von Wissenschaftlern und anderen großen Geistern wurde es erwartet. Das Herz des Sohns von Ludwig XVI. und Marie-Antoinette, das bereits zu Lebzeiten viel Kummer ertragen hatte, trat jetzt in einem Glas voller Alkohol eine lange Reise an, die es über Österreich, Italien und Spanien schließlich in die Basilika von Saint-Denis führte. Dort waren neben vielen anderen Königen und Königinnen auch die Eltern des kleinen Ludwig beigesetzt worden, nachdem man sie aus einem Massengrab gefischt und eindeutig identifiziert hatte. Das Herz Ludwigs XVII. durfte in der Basilika bleiben und tauschte sein abgenutztes Reiseglas gegen eine repräsentative Kristallurne ein.

Trotzdem – das Gemunkel, das Herz habe sich unter Vorspiegelung falscher Tatsachen den Zutritt zur Grablege der Könige erschlichen, fand kein Ende. Im Jahr 2000 wurde endlich die DNA des Dauphin-Herzens mit der Erbsubstanz von Habsburger-Nachkommen aus der Jetztzeit verglichen, Mutter Marie-Antoinette war ja eine Tochter von Maria Theresia – habsburgischer geht's nimmer! Und wirklich: Die Tests bestätigten, dass das mittlerweile versteinerte Herz wirklich und wahrhaftig in der Brust des kleinen Louis Charles de Bourbon – oder Louis Capet für Revolutionsfans – seinen Dienst verrichtet hatte. Seit 2004 ist es amtlich, und das Herz des kleinen Ludwig darf nun mit Fug und Recht und einer Verspätung von fast 200 Jahren in Saint-Denis bleiben.

Adresse Basilique de Saint-Denis | **Metro** 13, Richtung Saint-Denis Université, Station Basilique de Saint-Denis | **Öffnungszeiten** 1.4.–30.9. Mo–Sa 10–18, So 12–18.15 Uhr, 1.10.–31.3. Mo–Sa 10–17.15, So 12–17.15 Uhr, geschlossen am 1.1., 1.5. und 25.12. Besuch der Königsgruft kostet Eintritt | **Tipp** Die Basilika von Saint-Denis ist ein Fest der Gotik.

38__Das Hôtel de Sens (4. Arr.)

Sic transit gloria mundi

Im 16. Jahrhundert als Palast der mächtigen Bischöfe von Sens erbaut, verkam es im Lauf der Zeit zu Kutschstation, Wäscherei, Konservenfabrik, Handelsplatz für Hasenfelle, Marmeladenfabrik und Glaserei. Als die Stadt das verfallene Gemäuer 1911 billig erwarb, lebten 70 Mietparteien darin. Erste Restaurierungsarbeiten setzten bereits 16 Jahre später ein, wurden eingestellt und neun Jahre später wieder aufgenommen. Dann kam der Krieg, aber kein Jahr später als 1957 ging man wieder ans Werk. Mittlerweile ist es ein Prachtstück.

Im 16. Jahrhundert kam Margot hier unter, Tochter der Katharina von Medici, Schwester dreier halb bis komplett debiler Könige und erste Gattin Heinrichs IV., mit dem sie nicht einmal die Hochzeitsnacht verbracht haben soll. In dieser Ehe führten beide ein ganz eigenes Leben, man ließ sich alle Freiheiten. Irgendwann wurde das Treiben seiner Frau jedoch selbst dem lockeren Heinrich zu viel, und er verbannte sie. Im Exil weigerte sie sich 18 Jahre lang, der Scheidung zuzustimmen: Sie wolle warten, bis Heinrichs Geliebte Gabrielle d'Estrées tot sei. Diese verschied – hochschwanger von Heinrich – unter bizarren Umständen an einer Orange. Margot ließ sich scheiden, kehrte 1605 zurück und wurde im Hôtel de Sens untergebracht.

Sie hatte ordentlich zugelegt und versuchte, dies zu kaschieren, indem sie ihre Röcke mit Weißblech verbreitern ließ. Ihre Taille wirkte dadurch fast zierlich, nur kam sie mit dem Gestell kaum durch die Tür. Trotz allem fand sie immer noch genügend junge Galane. Einmal brachte einer ihrer Liebhaber im Alter von 20 Jahren seinen 18-jährigen Nachfolger vor ihren Augen um. Er wurde auf Befehl des Königs drei Tage später vor dem Hôtel de Sens geköpft, damit Margot aus dem Fenster rechts neben dem Portal zusehen konnte. Sie gruselte sich vor dem Spektakel und zog noch am selbem Tag ans andere Ende der Stadt.

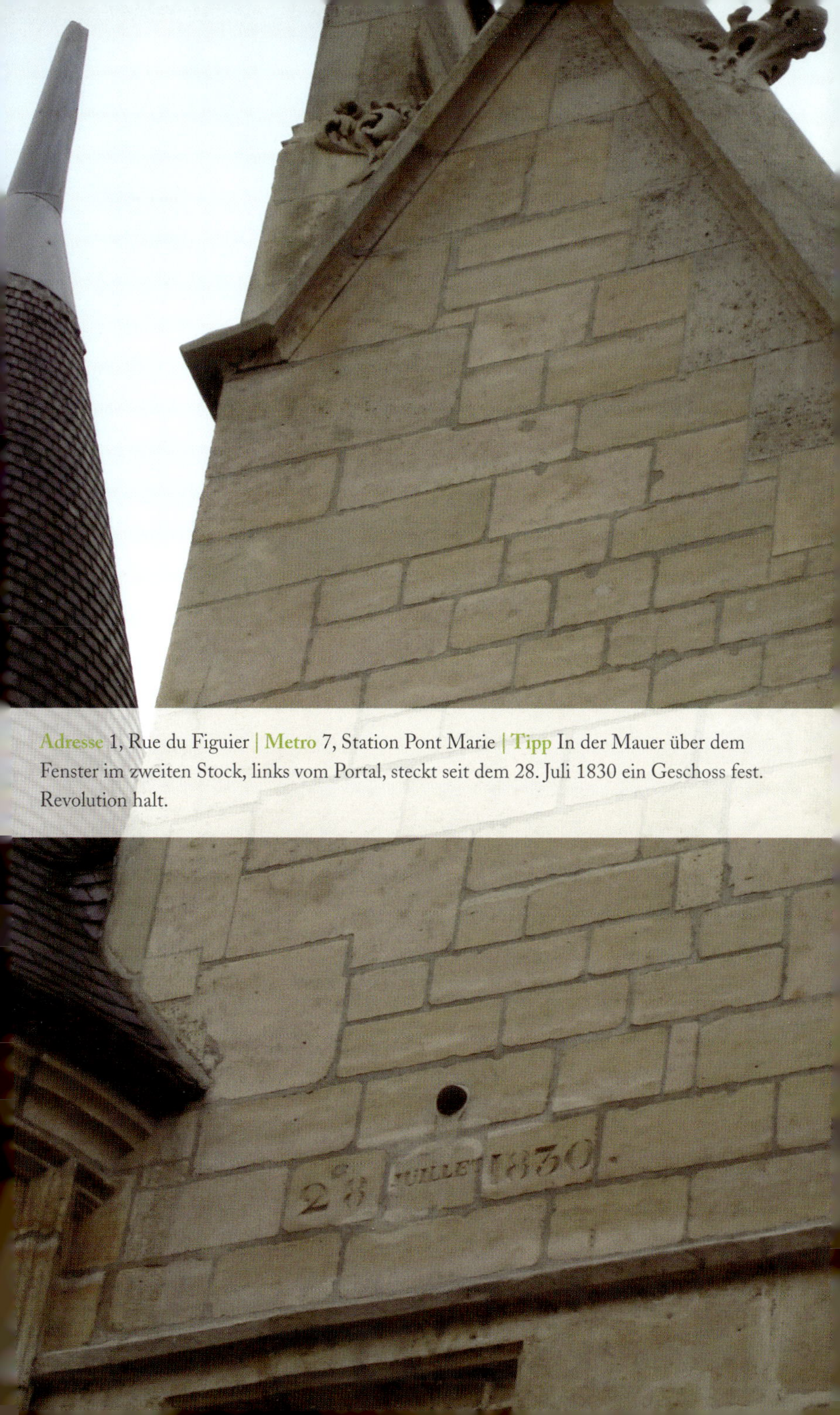

Adresse 1, Rue du Figuier | **Metro** 7, Station Pont Marie | **Tipp** In der Mauer über dem Fenster im zweiten Stock, links vom Portal, steckt seit dem 28. Juli 1830 ein Geschoss fest. Revolution halt.

39 __ Der Impasse Florimont
(14. Arr.)
Brassens' Kiez

Georges Brassens war Automechaniker, Poet und Sänger. Ein Deserteur war er nicht. Auch wenn er 1944 nach einem ordentlich bewilligten Urlaub nicht in das Barackenlager für Fremdarbeiter in Baslitz zurückkehrte. Ein Jahr zuvor hatte ihn seine eigene Regierung als französischen Zwangsarbeiter dort unter deutschen Befehl gestellt, und der Anarchist mit Leib und Seele musste bei Berlin in einem Flugzeugmotorenwerk arbeiten.

Vorher hatte er in der Pariser Pension seiner Tante, 173, Rue d'Alésia, gewohnt, also konnte er sich nach seiner Flucht dort unmöglich verstecken. Die Schneiderin seiner Tante Antoinette, »La Jeanne« genannt, und ihr Mann Marcel boten ihm ihr Heim, Impasse Florimont Nummer 9 (mittlerweile Nummer 7), als Unterschlupf an. Jeanne Planche hatte ihn bereits bei der ersten Veröffentlichung seiner Werke finanziell unterstützt. Nun versteckte sie ihn unter Lebensgefahr und fütterte ihn mit Lebensmittelmarken für zwei, geteilt durch drei, durch. Das »Chanson pour l'auvergnat« ist sein Dank. »Dieses Lied ist für dich, Mann aus der Auvergne, der mir ohne großes Getue vier Scheite Holz gab, als der Frost in mein Leben einzog … für dich, meine Gastgeberin, die mir ohne großes Getue vier Kanten Brot gab, als der Hunger in mein Leben einzog …« Das »chanson pour l'auvergnat« hat in Frankreich Volksliedstatus. 22 Jahre blieb Brassens im Zwergenhäuschen von Jeanne und ihrem Auvergner. Bereits 1955 war er erfolgreich genug, um es ihnen abzukaufen und sie auf diese Weise finanziell abzusichern. Die WG blieb unverändert. Erst 1966 zog er in die Rue Emile Dubois Nummer 9, blieb in seinem geliebten 14. Arrondissement und in Jeannes Nähe. Als sie 1968 starb, zog er ins 15., Rue Santos-Dumont Nummer 42.

Im Impasse Florimont wurde eine Gedenktafel angebracht. Jüngst kamen noch ein paar Tonkatzen dazu, zum Gedenken an Jeanne, die vielen heimatlosen Katzen ein Zuhause gab. Und Georges Brassens.

Adresse 7, Impasse Florimont | **Metro** 13, Station Plaisance | **Tipp** Im Parc Georges Brassens, auf dem Gelände des ehemaligen Pferdemarkts und Schlachthofs Vaugirard, findet jeden Samstag und Sonntag von 10–18 Uhr ein Büchermarkt unter den Dächern der Markthallen statt.

40 __ Die Judeninsel (1. Arr.)
Insel der Scheiterhaufen

Heinrich IV. wendet der Westspitze der Île de la Cité den Rücken zu. Wahrscheinlich pikiert, da man den kleinen Park hinter ihm respektlos auf den königlichen Spitznamen taufte. »Vert-Galant« bedeutet »Frauenheld« oder auch »Schürzenjäger«. Und ganz so falsch war der Name nicht, denn Enthaltsamkeit gehörte nicht zu den Tugenden des ersten Bourbonen auf dem französischen Thron. Der Park selbst hätte ihm daher gefallen, keine Dame konnte so viel Romantik widerstehen. Mittlerweile wird er nachts zum Schutz vor Überfüllung geschlossen. Bis zum Bau des Pont-Neuf war dieser Teil der Cité ein Inselchen für sich, Judeninsel genannt oder Insel der Scheiterhaufen, wo auch Jacques de Molay, letzter Großmeister des Templerordens, und sein Freund und Mittempler Geoffroy de Charnay aneinandergekettet in den Flammen starben.

König Philipp der Schöne hasste den Orden, und ab 1307 ließ er die Templer jagen. Es ging um Geld und Macht, denn die Ritter waren unermesslich reich, und der König war es nicht, da seine ständigen Kriege Unsummen verschlangen. Nachdem Jacques de Molay mittels Scheinprozess erfolgreich als Ketzer zum Tode verurteilt werden konnte, wurde er am 18. März 1314 auf der Judeninsel verbrannt. Damit hatte der König gerechnet, denn der Scheiterhaufen war die gängige Strafe für Ketzerei. Allerdings brachte die Aktion dem schönen Philipp nicht den erwarteten und dringend benötigten Geldregen: Der Templerschatz war durch die Prozesskosten dezimiert, die Majestät höchstselbst extra hoch angesetzt hatte. Obendrein schaltete sich der Papst ein und befahl, den Großteil des restlichen Templer-Vermögens den Johannitern zu übergeben. Dort, wo de Molay und de Charnay ihr furchtbares Ende fanden, ist eine kleine Gedenktafel angebracht, zwischen den Treppenausgängen im Park am Fuß der Brücke. Manchmal finden sich dort Menschengruppen ein, tun geheimnisvoll und trauern den guten alten Templerzeiten nach. Als Männer noch Männer waren. Und Ketzer noch verbrannt wurden.

Adresse Square du Vert-Galant | **Metro** 7, Station Pont-Neuf | **Tipp** Die Unesco hat die Seine-Ufer zwischen Pont d'Iéna (Eiffelturm) und Pont de Sully (Île Saint-Louis) insgesamt zum Weltkulturerbe erklärt. Mit einer »Batobus«-Tageskarte kann man mit Linienschiffen beliebig oft daran vorbeischippern und dabei an den acht Anlegern ein- und aussteigen.

41__ Karl der Große (1. Arr.)
Aachener Abseits

Der berühmte Roland aus dem berühmten Rolandslied führt ein berühmtes Schwert, Durandal mit Namen. Roland ist ein Neffe Karls des Großen. Er führte bei Karls Zug gegen die Sarazenen die Nachhut an. Seine Truppe wurde verraten. Tödlich verletzt, versuchte Roland, sein Schwert am Felsen zu zerbrechen, damit es nicht in die Hände des Feindes geriet. Der Felsen aber brach, und der sterbende Roland warf seine Waffe mit aller Macht von sich. Sie flog 350 Kilometer weit und bohrte sich schließlich oberhalb der kleinen Ortschaft Rocamadour ins Gestein. Dies ist keine Legende, denn Durandal steckt heute noch dort, rostig und überflüssigerweise mit einer Kette an den steilen Hang über den Klöstern geschmiedet.

In Paris gibt es daher nur eine Nachbildung von Durandal zu sehen. Roland mit Axt und Schwert, selbstredend, ist einer von zwei Getreuen, die das Pferd Karls des Großen auf dem Reiterstandbild vor Notre-Dame führen – Olivier mit der Lanze steht auf der anderen Seite.

Das Grüppchen steht am Rand des Vorplatzes, der Kaiser schaut ein bisschen angesäuert nach Nordosten, Richtung Aachen. Hätte er sich denken können, dass er hier nur als Randnotiz Beachtung findet, seit er im 9. Jahrhundert Paris degradierte und Aachen zur Hauptstadt des Frankenreichs erhob. Er sollte sich freuen, dass er überhaupt irgendwo vorkommt. Dafür gibt es zwei Gründe: erstens diese 25 Tonnen schwere Bronzegruppe. Sie wurde für die Pariser Weltausstellung von 1878 gefertigt, war in der Galérie d'Iéna aufgestellt, und irgendwo musste sie ja hin, als die Weltausstellung vorbei war. Zweitens: Karl war ein Franke. Sonst wäre er nämlich während der Zeit der Besetzung von Paris in den Jahren 40 bis 44 im Schmelztiegel gelandet. Man zögerte. Da nicht mit Sicherheit ausgeschlossen werden konnte, dass Karl Deutscher war, blieben er und seine Getreuen vom Feuer verschont. Er steht zwar ein bisschen im Abseits, aber er ist ja groß, damit kommt er schon klar.

Adresse Parvis de Notre-Dame | **Metro** 4, Station Cité | **Tipp** Die schönste Sicht auf
Notre-Dame bietet der Square Viviani.

42 Der Kiosque des noctambules (1. Arr.)

Neobarock vor dem Palais Royal

Wie ein übermütiger Riesenklunker schmücken zwei federleichte Perlenhüte die strengen Fassaden um die Place Colette. Muss ein Metro-Eingang sinnlich sein? Muss er nicht, aber er kann. Brauchen Nachtschwärmer einen Kiosk? Nicht unbedingt, aber vielleicht freuen sie sich. »Kiosque des noctambules« taufte der Künstler Jean-Michel Othoniel sein Werk über dem Metro-Eingang auf der Place Colette. Es glitzert rot und blau und gold und silbern. Die bunten Perlen aus Muranoglas formen zwei halbrunde Baldachine und schmücken dieses Tor zum Pariser Hades so ganz anders als Guimards lieb gewonnene, aber immer ein bisschen schwerfällige Jugendstil-Phantasien mit den roten Lampen. Othoniels Werk ruht auf einer Konstruktion aus Aluminium und überzeugt im wahrsten Sinn mit Leichtigkeit. Der Künstler gilt als Meister des Neobarock, und seine Metro-Krönchen blinken wie ein Karussell. Im Jahr 2000 fingen sie damit an, nachdem die RATP (»Régie Autonome des Transports Parisiens«, einmal muss es ausgeschrieben sein) zu ihrem 100-jährigen Bestehen diesen Metro-Eingang zur Umdekorierung ausgeschrieben hatte.

Die warmen Farben der rötlichen Kuppel symbolisieren die Sonne, obendrauf eine Figurine in Gold. Die blaue Kuppel ist dem Mond geweiht und wird von einer Gestalt in hellviolett bewacht. Beide Statuen sind ebenfalls aus Glas geblasen – buntes Glas auch in den Ringen der Seitenelemente aus gehämmertem Metall. Eine kleine Bank im gleichen Stil bietet sich Tag- und Nachtschwärmern als Treffpunkt an. Unterirdisch wird die Installation weitergeführt. In zwei gegenüberliegenden, runden Schaufenstern sind bunte Glaskugeln ausgestellt. Zwei Bullaugen leuchten dem Betrachter durch den Gang entgegen und bilden einen Kontrast zu den üppigen, überirdischen Kollegen. Das Geheimnis liegt unter der Erde, der Glanz darüber.

Adresse Place Colette | **Metro** 1, Station Palais Royal – Musée du Louvre | **Tipp** Auf einer Mauer auf dem Bahnsteig derselben Station ist ein Fresko angebracht: »La pensée et l'âme huicholes« wurde anlässlich der 30-jährigen Zusammenarbeit zwischen der mexikanischen U-Bahn-Gesellschaft und der RATP im Austausch gegen einen Guimard-Eingang für Mexiko aus zwei Millionen Perlen von je zwei Millimeter Durchmesser angefertigt. Es erzählt von den Sitten und Gebräuchen der Huicholes, einer mexikanischen Volksgruppe.

43 __ Das La Coupole (14. Arr.)
Die Legende

In diesen heiligen Art-déco-Hallen tanzt das Kellner-Ballett seit über 80 Jahren seine bravourösen Tellerwalzer. Allesamt Meister ihres Fachs. Man serviert »cuisine française traditionelle«, wozu in dieser Kategorie auch das »plateau royal« mit allerlei rohem Meeresgetier plus Austern und ein bisschen Fingerfertigkeit gehört. Aber das »La Coupole« ist auch jederzeit einen Kurzbesuch auf einen Drink an der berühmten Bar wert. Mit mehr als 500 Plätzen ist es die größte Pariser Brasserie, mittlerweile wie viele andere eine Tochter der Kette »Brasseries Flo«. Trotzdem speisen hier immer noch Künstler, Politiker, Schriftsteller und alle anderen. Simenon lässt einen wichtigen Teil seines Romans »Maigret kämpft um den Kopf eines Mannes« unter der Kuppel spielen.

Manchmal gehört bis zu eine Stunde Wartezeit an der Bar zum Speisen in dieser Institution dazu. Die Wartenden bekommen ein Kärtchen mit einem Komponistennamen in die Hand gedrückt und haben Zeit, sich die handbemalten Säulen genauer anzusehen, bevor sie aufgerufen werden. Eine wurde von Léger bemalt, um den berühmtesten zu nennen. Und eine zeigt Josephine Baker, nebst Bananen, versteht sich. Bei Aufruf Tisch.

Die Kuppel ist seit einigen Jahren blau angemalt, die Figuren darunter ebenfalls. Man gewöhnt sich dran, wenn man will. Vorher, in Weiß, war es eleganter.

Etwas richtig Neues wird es ihm »La Coupole« nicht geben. Genauso wenig wie im »Select«, im »La Rotonde« und im »Le Dôme«, samt und sonders aus den 30er Jahren, alle in unmittelbarer Nachbarschaft zueinander an der Ecke Boulevard Montparnasse/Rue Vavin, früher der Carrefour Vavin, heute die Place Pablo-Picasso. Arme Künstler konnten sich für kleines Geld einen Tisch für die Nacht mieten, denn diese Restaurants waren rund um die Uhr geöffnet, und die Kellner hatten Weisung, die armen Schläfer nicht zu wecken. Inzwischen ist um 1 Uhr Schicht.

Adresse 102, Boulevard du Montparnasse | **Metro** 4, Station Vavin | **Öffnungszeiten** täglich 12–1 Uhr, Sa 12–1.30 Uhr, Frühstück 8.30–10.30 Uhr | **Tipp** In der Rue Delambre liegen die Crêperien dicht an dicht, denn die Züge aus der bretonischen Heimat der gerollten Pfannkuchen kamen immer schon in der Gare Montparnasse an. Viele Bretonen ließen sich in der Nähe des Bahnhofs nieder, wo ihre bereits emigrierten Landsleute ein Plätzchen für sie frei machten.

LA

44 Das La Pagode (7. Arr.)

Japan ist weit (Amerika auch)

François-Émile Morin hatte das Kaufhaus Bon Marché von seinem Gründer übernommen. Er war ein bodenständiger Geschäftsmann, schwerreich, und verrückt nach seiner Frau Amandine, die ihrerseits verrückt nach Fernost war. Das war in dieser Zeit Mode, denn Japan hatte sich dem Westen geöffnet, und die Bourgeoisie sammelte alles, was auch nur einen Hauch von Fernost in sich trug. Auch das Haus der Morins füllte sich mit Buddhastatuen, Lackarbeiten und Teeservice. Aufgrund dieser Mode zerbrach sich Monsieur Morin nicht lange den Kopf über Madames Geburtstagsgeschenk, sondern ließ einen Architekten kommen und bestellte eine Pagode. Kosten spielten keine Rolle. Der Architekt entwarf sein Werk nach dem Vorbild des Toshogu-Schreins in Nikko. Fresken, Wandbespannungen und geschnitzte Balken wurden aus Japan importiert. Der Auftrag für die lackierten Dachziegel wurde in die Vogesen vergeben, wo man sich kopfschüttelnd, doch gut bezahlt mit fernöstlichen Produktionsmethoden vertraut machte.

In der Rue de Babylone umstand eine meterhohe Bretterwand die Baustelle, bis der große Tag kam. Amandine war außer sich vor Freude über ihr Geschenk. Bald lud sie als »Kaiserin der aufgehenden Sonne und des Bergs Fuji« zu großen Soireen in ihre Pagode. An einem dieser Abende lernte sie den Sohn des Kompagnons ihres Mannes kennen, verliebte sich und verschwand mit ihm nach Amerika. Eine ihrer Freundinnen kaufte die Pagode. 1928 verlor sie die Lust an Fernost und wollte ihrerseits verkaufen. 1930 zeigten sich die Chinesen interessiert, die ein Gebäude für ihre Botschaft suchten. Kurz vor Vertragsabschluss entdeckten sie jedoch Darstellungen japanisch-chinesischer Schlachten, die China verloren hatte. No deal. 1931 wurde die Pagode zum Kino umfunktioniert. Gut versteckt hinter Glyzinien, Bambus und Ginkgo wartet sie auf Kinobesucher. Das kleine Café ist öffentlich, der Garten winzig, aber groß genug für ein paar Tischchen.

Adresse 55bis, Rue de Babylone | Metro 13, Station St-François-Xavier | Tipp Das Kauf-
haus Bon Marché wurde von Gustave Eiffel entworfen, es liegt an der Ecke der Rue de
Babylone mit der Rue de Sèvres.

45 __ Das Lapérouse (6. Arr.)

Edles Geflügel im Chambre Séparée

Vor dem Kloster auf dem Quai des Grands Augustins wurde mittwochs und samstags Brot verkauft. Ab 1679 mussten sich die Bäcker den Platz mit den Geflügel- und Wildhändlern teilen. 100 Jahre später erwarb der Königliche Limonadenlieferant Lefèvre ein herrschaftliches Haus gleich nebenan und eröffnete in den Räumen ein Weinkontor mit Wirtsstube. Bald gaben sich die Gäste die Klinke in die Hand, denn das Essen war deftig und reichlich, der Keller stets gut sortiert. Tierzüchter, Händler, Einkäufer, Lastenträger – als sich sein Etablissement mehr und mehr zur Handelsbörse entwickelte, stellte Lefèvre guten Kunden die niedrigen Domestikenzimmer im ersten Stock zur Verfügung, damit sie dort in Ruhe finanzielle Angelegenheiten besprechen und besiegeln konnten.

1840 wurde die Taverne nach dem Geografen und Seefahrer Jean-François de La Pérouse benannt. 30 Jahre später fürchtete man das Aus, da alle Wochenmärkte in Baltards zentrale Hallen verlegt worden waren. Doch nach dem Abzug der Händler Richtung Saint-Eustache übernahmen die Printmedien ihre Tische bei Lapérouse. Das Wirtshaus stieg auf zum gehobenen Restaurant. Viele kamen wegen der diskreten Zimmerchen. Zum großen Erfolg der »cabinets« trug auch eine Bestimmung des französischen Rechts bei, die Ehebruch verneint, wenn das, was geschieht, an einem öffentlichen Ort geschieht – wie zum Beispiel in einem Restaurant …

Wände und Personal schweigen, aber die Spiegel sprechen. Sie sind bedeckt mit Initialen, Vornamen, Daten. Im Salon 35 hat sich unten links auf dem Spiegel am 7. Dezember 1922 eine »Berthe« verewigt. Das taten die Damen nicht, damit der schöne Augenblick verweile, sondern um zu prüfen, ob der überreichte Brilli echt und den Verlust der Tugend wert sei, denn beim Kratzen über Glas wären falsche Steine sofort zersplittert. Auch heute noch bekommt man auf Wunsch »service à la sonnette« – der Service erscheint nur, wenn man eine verborgene Klingel betätigt.

46__ Das La Vielleuse (20. Arr.)

Die kleine Leierspielerin und die Dicke Bertha

Seit 1860 verlief die Zollgrenze zum Vorort Belleville an der Kreuzung der Rue de Belleville mit dem Boulevard de Belleville. Von hier aus aufwärts herrschte Zollfreiheit, waren der Wein billiger und die Weinschenken von Belleville, die »guingettes«, am Wochenende daher immer rappelvoll.

Das berühmteste Café des Viertels aus dieser Zeit besteht immer noch, und zwischen Tresen und Spielautomat hängt immer noch der alte Spiegel mit dem Bild einer Leierspielerin, »vielleuse«. Durch die zarte Darstellung zieht sich seit einem Bombeneinschlag am 9. Juni 1918 ein langer Riss. Die deutschen Angreifer warfen im Ersten Weltkrieg nämlich nicht nur aus Zeppelinen Bomben auf Paris, sie hatten in 100 Kilometer Entfernung auch eine gefürchtete Kanone aufgestellt, mit der sie die Stadt beschossen. Der Spiegel bekam einen Sprung, als eine Granate aus dieser »Dicken Bertha« vor dem Café einschlug.

Das »La Vielleuse« war schon vor dem Bombentreffer das beliebteste Café des proletarischen Pariser Westens. Während des Blutrauschs der Kommune trafen sich die Aufständischen im Hinterzimmer. Auf der Straße vor dem Lokal wurde eine Barrikade errichtet, die die Regierungstruppen im Mai 1871 niederwalzten. Der Aufstand scheiterte. 47 Jahre später klaffte auf derselben Kreuzung dann der Granatenkrater, und der Spiegel mit der Leierspielerin war gerissen. Noch im selben Jahr wurde eine Tafel angebracht: »Trotz einer Verwundung am 9. Juni hat sie nie aufgehört, die Siegesmelodie zu spielen.« Spiegel und Tafel wurden gehütet wie eine Reliquie. Nachdem man das »La Vielleuse« in einen Neubau eingefügt hatte, nahmen sie ihren alten Platz wieder ein.

Auch an anderen Stellen in Paris wütete die Kanone: In ihrer Nische an der Außenwand von Sainte-Marie Madeleine verlor die Statue des heiligen Lukas den Kopf, der bis heute nicht ersetzt wurde. Saint-Gervais erlitt am 29. März 1918 einen Volltreffer, 77 Menschen starben, 91 wurden verletzt.

Adresse 2, Rue de Belleville | **Metro** 2, 11, Station Belleville | **Tipp** Am Gebäude des ehemaligen Kriegsministeriums an Nummer 231, Boulevard Saint-Germain hat man die Löcher der Bombensplitter als stete Mahnung unverputzt gelassen.

47 — Léon, die letzte Gaslaterne
(Malakoff)
Neu: jetzt auch mit Botschaft

»Malakoffiots« werden die Bewohner des Pariser Vororts Malakoff genannt. Mindestens einer von ihnen heißt mit Vornamen Léon, mit Nachnamen gar nicht, und ist eine Gaslaterne. Eine von den alten, die dieses gemütliche Licht spendeten. Aus der ganzen großen Familie der Pariser Reverberen ist er das letzte Original. Und dieser Letzte macht das Licht nicht aus, sondern lässt es seit über 35 Jahren ohne Unterbrechung brennen, denn der Glühstrumpf will geschont sein.

In den 70er Jahren, als die alten Gaslaternen strombetriebenen, anonymen Strahlern weichen mussten, setzte sich die Nachbarschaft des »Sentier du Tir«, Léons Heimatsträßchen, dafür ein, dass man einen »bec de gaz« behalten und weiterhin mit Gas betreiben durfte. Die Verwaltung stimmte zu, verpflichtete die Laternenliebhaber jedoch, die Umstellung auf Erdgas von einem Fachmann durchführen zu lassen. Nachdem diese Bedingung erfüllt worden war, hielt die Verwaltung Wort und ließ die Laterne stehen.

Der Anliegerverein befand, mit Leuchten allein sei Léon nicht wirklich ausgelastet. Er sollte eine Aufgabe haben, zumindest eine »message«. Daher ließ die Léon-Nachbarschaft kurz nach der Jahrtausendwende eine neue Glasscheibe einsetzen und mit Jahreszahlen verzieren, um den Pionieren der Geschichte des Gases ein Denkmal zu setzen: Lebon, dem Erfinder des Leuchtgases, Murdoch, erste Gasbeleuchtung und Auer, Glühstrumpf. Kein gelungener Eingriff, da die Zahlen Léon irgendwie zum Werbeträger degradieren, wenn der Betrachter auch nicht weiß, für was. Allenfalls kommt er wegen fehlender Erläuterung der Zahlen auf die Idee, die Lampe sei schon über 200 Jahre alt, was nur knapp zur Hälfte stimmt.

Natürlich gibt es auch noch ein paar andere Gaslaternen in Frankreich. Aber Léon ist die einzige mit einem richtigen Glühstrumpf. Drunter tut es ein Original auch nicht.

Adresse Sentier du Tir | **Metro** 13, Station Porte de Vanves | **Tipp** Die Station »Gaité« der **Metro**-Linie 13 ist in unmittelbarer Nähe des Friedhofs Montparnasse, auf dem unter anderem Simone de Beauvoir und Jean-Paul Sartre bestattet wurden.

48__ Les Frigos (13. Arr.)
Kunst auf kalter Platte

Der Pont de Tolbiac führt von Bercy ins Quartier de la Gare. Über der Brückenabfahrt ins 13. Arrondissement erhebt sich eine Art Leuchtturm oder Burgfried aus Beton, an allen Ecken und Enden bemalt und besprüht, der asynchron aus der Bürolandschaft in Glas und Stahl hervorsticht. Wird sicher bald abgerissen, könnte man denken.

Wird sicher nicht abgerissen, denn der Turm gehört zum Industriedenkmal »Les Frigos«, Restgebäude des Kühlgutbahnhofs Paris-Ivry, 1921 eröffnet. Die Schienen führten bis in die Gebäude hinein. Von hier aus fuhren die Lebensmittel weiter ins Zentrum, zu den Hallen. Als der Bauch von Paris Ende der 60er nach Rungis transplantiert wurde, wurden die befahrbaren Kühlschränke aufgegeben. Die »Entrepôts et Gares Frigorifiques« verrotteten. 1980 vermietet die französische Eisenbahngesellschaft als Eigentümerin des Rostparks 15 Kühlkammern an Künstler. Im Lauf der nächsten Jahre gesellten sich immer mehr dazu und nahmen die brachliegenden Flächen für ihre Kunst in Betrieb. Mittlerweile bevölkern Maler, Musiker, Fotografen, Bildhauer, Filmemacher und viele andere über 200 Ateliers.

Die verloren geglaubten Frigos haben wieder Fahrt aufgenommen, auch wenn das mit diesen 70 Zentimeter dicken Wänden aus Beton, Backstein, Kork, noch mal Backstein und noch mal Beton nicht einfach ist. Aber gerade diese Mauern machen ein Atelier hier attraktiv, denn sie isolieren nicht nur bestens gegen Hitze und Kälte, sie sind auch hervorragende Schallschlucker! Fenster, Wände und Leitungen können zwar nur mit Hilfe des Presslufthammers eingezogen werden, dafür sind die Fußböden für ein Gewicht von sieben Tonnen pro Quadratmeter ausgelegt und stellten lange vor der Instandsetzung ein teures Argument gegen den Abriss dar.

Nun führen die Frigos ein Künstlerleben als Hippies in einem Büroviertel. Immer mal wieder kommen Grundstückspekulanten vorbei. Vollkommen umsonst.

Adresse Rue des Frigos | **Metro** 13, Station Bibliothèque François Mitterrand | **Tipp**
In der Rue Louise Weiss reiht sich eine Avantgarde-Galerie an die nächste. In der Rue
Cantagrel baute Le Corbusier 1933 im Auftrag der Heilsarmee ein Heim für Obdachlose.

49___Das Les Oubliettes (5. Arr.)
Mörder-Deko

Die Hintertür des »Les Oubliettes« ist rot, im Lokal liegt Rollrasen auf dem Boden, im Keller über den ehemaligen Verliesen wird Jazz gespielt, und an der Wand steht eine echte Guillotine. Das Gerät wurde ausschließlich von »Monsieur de Paris« bedient, so der offizielle Titel des städtischen Henkers. Das Amt war von 1688 bis 1847 fest in der Hand der Pariser Familie Sanson. Adlige wurden vor der Revolution mit dem Schwert gerichtet, das einfache Volk starb durch den Strick. Das Gehacke mit dem Schwert konnte sich ganz schön hinziehen und war nicht nur für die noblen Kunden, sondern auch für den Henker eine Qual. Daher gab Charles Henri Sanson Ende des 18. Jahrhunderts ein Gerät für humanes Töten in Auftrag. Guillotin zeichnete einen entsprechenden Entwurf, Monsieur Louis, Leibarzt des Königs, und Tobias Schmidt, deutscher Klavierbauer, entwickelten die berüchtigte Fallbeilkonstruktion, anfänglich »Louisette«, später von der Presse in »Guillotine« umbenannt, weil's griffiger klang.

Die ersten Schnitte tat sie vor dem Rathaus unter dem Protest der Schaulustigen, die das schnelle Verfahren ausbuhten. 1792 folgte ein erstes Gastspiel auf der Place de la Révolution (vormals Place Louis XV., später Place de la Concorde). Dann wurde alles ab- und zwei Monate später für König Ludwig XVI. wieder aufgebaut. Schnitt. Von Mai 1793 bis April 1794 fiel das Beil über 1.100 Mal, dann zog die Guillotine zur Place de la Bastille. Dort beklagten sich die Anwohner über das Gejohle während der Hinrichtungen, und so ging es bereits nach drei Tagen oder 73 Köpfen auf die Place de la Nation, damals »Platz zum gestürzten Thron« – 1.306 Köpfe.

1794 schließlich hieß es für Guillotinenbeschicker Robespierre: Hände auf den Rücken, Kragen auf, Kurzhaarschnitt, rauf auf den Karren und – ab. Die Schreckenszeit, »la Terreur«, war vorbei. Guillotin entging dem Schafott nur knapp. 1867 verpfändete der letzte Sanson die Familien-Guillotine. Der letzte französische Henker starb am 8. August 2008.

Adresse 52, Rue Galande | **Metro** 10, Station Maubert-Mutualité | **Tipp** Das »Örtchen« von »Les Oubliettes« muss in seiner sanitären Enge und Kargheit als zweites Relikt dieser Kneipe angesehen werden.

50___Ludwig XIII. (4. Arr.)
Wahre Größe

Bei Wind und Wetter in Sandalen, weil es das römische Kostüm so verlangt, sitzt er da, der arme Ludwig, und seine nackten Füße ragen dem Pony unter ihm fast in die Nüstern. Das Pferdchen hatte einst Katharina von Medici in Auftrag gegeben, ihr geliebter Heinrich sollte es reiten. Das Projekt geriet in Vergessenheit, das Pferd stand über 75 Jahre lang reiterlos rum.

Dann half Kardinal Richelieu seinem Mündel Ludwig XIII. nach alter Gewohnheit in den Bronzesattel und ließ folgende Widmung anbringen: »Dem glorreichen und unsterblichen Andenken des großen und unbesiegbaren Louis le Juste«. Oho ... »der Gerechte«! »Der Stotterer« hätte den Tatsachen eher entsprochen, denn Ludwig XIII., König von Frankreich und Navarra, stieß ein bisschen mit der Zunge an. Den Franzosen war's gehupft wie gesprungen, das Sagen hatte ohnehin der Kardinal. Hämisch schlug Volkesstimme noch für den königlichen Grabstein folgenden Spruch vor: »Ci-gît le Roi, notre bon maître, qui fut vingt ans valet d'un prêtre.« (»Hier ruht der König, er war uns stets ein guter Herr und einem Priester zwanzig Jahr lang ein treuer Diener.«)

Aber egal, König oder Diener – Danton und Konsorten stießen die Bronzebilder der französischen Herrscher vom Sockel und schmolzen sie ein, damit sie ihrer Sache als Kanonenkugeln dienten. Auch Ludwig XIII., samt Pferd.

Als die Revolutionäre ihr letztes Pulver verschossen hatten, kehrte Ludwig XIII. auf die Place des Vosges zurück. Das neue Standbild wurde vorsichtshalber in Marmor gemeißelt, unschmelzbar. »Bild« kam dabei heraus, »Stand« leider nicht. Bei Wind schaukelten König und Ross hin und her. Ein Baum aus Stein, der aus dem Sockel sprießt, sollte für Stand sorgen. Und so wächst dem equestrischen Wackelkandidaten nun ein Baum in den Bauch hinein. Oder aus dem Bauch heraus. Jedenfalls hält das Ganze jetzt, und das war schließlich der Zweck der Übung.

Adresse Place des Vosges | **Metro** 1, Station Bastille | **Tipp** Eins der wenigen Bronzestand-bilder, die nicht eingeschmolzen wurden, zeigt Ludwig XIV. und steht im hinteren Garten des Hôtel Carnavalet, Rue des Francs-Bourgeois (Eintritt frei).

51 Die Louvre-Kolonnaden
(1. Arr.)
Des Kaisers neue Haare

Handwerk hat goldenen Boden. In Paris gab es insbesondere für Steinmetze immer jede Menge zu tun. Vor allem am Louvre, obwohl der
ja nach dem Versailles-Hype erst von der Revolution wiederentdeckt
wurde. In den verlassenen Sälen hatten sich Künstler, Tänzerinnen,
Garküchen, Damen vom horizontalen Fach, fliegende Händler, kurz:
das Volk, eingenistet. Das wurde erst mal vor die Louvre-Türen gesetzt, dann erklärte man den alten Königspalast zum Museum.

Jahre später ließ der einstige Revolutionsgeneral und neue Kaiser Napoleon I. den Louvre nach alten Plänen Ludwigs XIV. wei-
terbauen. Er legte großen Wert darauf, dass sämtliche Bourbo-
nenlilien auf Wänden, Decken, Böden und Fassaden durch sein
Wappentier, die Biene, ersetzt wurden. Porträts der früheren Könige wurden gegen sein eigenes Konterfei getauscht. Das war im Fall
von Öl auf Leinwand schnell erledigt, bedeutete bei Exemplaren aus
Stein jedoch viel Arbeit. Nach Napoleons Abgang musste alles wieder rückgängig gemacht werden. Bourbonen statt Korsen an die Fassaden und auf die Wände. Lilien statt Bienen. Und ewig hämmern
die Steinmetze.

Und da immer alles flott gehen musste, blickt aus dem Spitzgie-
bel der Louvre-Kolonnaden nach wie vor Napoleon auf uns herab. Er
trägt Perücke, denn er soll den Sonnenkönig darstellen. Der schlaue
Steinmetz, der Napoleon in Ludwig ummodeln sollte, ließ den Korsen hängen. Das hatten schon andere getan. Dann stülpte der Meister, ganz Scherzkeks, Napoleon mit Hammer und Meißel eine Son-
nenkönig-Perücke über. Das war neu. Unter der barocken Haarpracht
erkennt man klar und deutlich Napoleons kantige korsische Physio-
gnomie. Er schaut ein bisschen unwirsch drein. Dem Künstler muss
man zugutehalten, dass er rationell zu Werke gegangen ist und der
Austausch in gewünschtem Eiltempo vollzogen war. Noch dazu fällt
es kaum auf.

Adresse Rue de l'Amiral-de-Coligny | **Metro** 1, Station Louvre-Rivoli | **Tipp** Zum Vergleich: Am Pavillon Sully in der Cour Napoleon du Louvre ist Napoleon mit gewohnter Stirnlocke und Adler dargestellt.

52 Madame Guillotines Stammplatz (11. Arr.)

Fünf Balken im Pflaster

Unter den parkenden Autos am Beginn der Rue de la Croix-Faubin verbirgt sich ein besonderer Stellplatz. Fünf Balken zeigen an, wo bis 1900 regelmäßig das Schafott aufgebaut wurde.

Die Guillotine war häufig umgezogen und hatte überall tadellos funktioniert: von 1792 bis 1832 auf der Place de Grève, mit Abstechern auf die Place de la Concorde. Von dort ging es wieder zurück nach Bicêtre, wo sie auch ihre ersten Schnitte getan hatte: Den Anfang machten lebende Schafe, dann folgten drei tote Obdachlose. Bis 1851 wurde in Bicêtre störungsfrei entleibt, nur bei einer Exekution stockte das Fallbeil zweimal kurz vor dem Hals. Das hätte sicher gereicht, um den Deliquenten in Zukunft vom versuchten Königsmord abzuhalten, aber für »fast tot« wurde der Henker nicht bezahlt, und im dritten Anlauf schaffte es die Klinge bis ganz unten.

1851 wurde das Gefängnis von Bicêtre geschlossen, Todeskandidaten wurden von nun an zur Exekution von der »Grande Roquette« fünf Kilometer durch die Stadt gefahren, bis man beschloss, Enthauptungen auf dem Gefängnisvorplatz an der Rue de la Roquette vorzunehmen. Als Stützen für das Guillotinengerüst wurden fünf Granitsteine ins Straßenpflaster eingelassen. 69 Menschen wurden entzweigeschnitten. Als das Gefängnis geschlossen wurde, ließ der Gefängnisdirektor die Steine ausbuddeln, um sie dem Musée Carnavalet zu vermachen. Man lehnte dankend ab, und die Steine kehrten an ihren alten Platz zurück. Allerdings bildete der Grundriss des Holzgerüsts und die Anordnung der Steine, Revolution und Republik zum Trotz, immer ein katholisches Kreuz. Bei der neuerlichen Einpflasterung ist ein Andreaskreuz draus geworden.

Die Todesstrafe wurde in Frankreich 1981 abgeschafft, vier Jahre zuvor hatte die Guillotine in Marseille bei ihrem letzten Einsatz noch tadellos funktioniert.

Adresse 16, Rue de la Croix-Faubin | Metro 9, Station Voltaire | Tipp Der Eingang zum Square Marcel Rajman wird flankiert von den Wachhäusern des Frauengefängnisses »Petite Roquette«, die an Ort und Stelle geblieben sind – daher die vergitterten Fensterluken. Im Park ist die Umrandung des Gefängnisbrunnens zu sehen.

53 Die Maison de Loo (8. Arr.)

Hingucker in Chinarot

Die Rue de Courcelles bietet wenig Spektakuläres. Marcel Proust bewohnte bis zum Tod seiner Mutter Nummer 45, an Nummer 84 hängt eine Marmortafel zur Erinnerung an eine Sängerin, die zur Feier des Waffenstillstands 1918 vor der Oper die Marseillaise sang. Erst an Nummer 48 kommen Leben in die Bude und Farbe ins Spiel, denn dort bietet eine rote Pagode den gussvergitterten Pariser Einheitsfassaden die Stirn. Die Pagode wirkt echt, obwohl sich hinter der asiatischen Front ein Stadtpalast aus dem 17. Jahrhundert verbirgt.

Loo war als junger Mann zum Studium nach Frankreich gekommen, machte sich indessen bald einen Namen als Antiquitätenhändler. An der Quelle saß der Knabe, selbstverständlich. Chinesisch wurde außerhalb Chinas Grenzen so gut wie gar nicht gesprochen, und daher versetzten seine Sprachkenntnisse Herrn Loo in die glückliche Lage, weltweite Verbindungen zu knüpfen und bei der Schaffung berühmter Sammlungen zu assistieren und zu verdienen. Viele berühmte Museen arbeiteten gern mit dem fleißigen und gut beleumundeten Chinesen zusammen. 1926 entstand seine Pagode, rot, mit lackierten Dachziegeln, als Schrein für seine Kunstgalerie. Die Inneneinrichtung mit Kassettendecken und Intarsien aus dem 17. und 18. Jahrhundert steht dem detailgenauen äußeren Erscheinungsbild in nichts nach. Zu einer Zeit, als China in Frankreich und Europa kein hohes Ansehen genoss, gelang es Loo, das Begehren französischer Sammler auf chinesische Antiquitäten zu richten, eine wahre China-Mode zu lancieren. Das Rot seiner Pagode trug einen großen Teil dazu bei.

Loo starb 1957. Seine wertvolle Sammlung antiker Jaden kann nun im Musée Guimet an der Place d'Iéna bewundert werden. In der roten Pagode handelt die Galérie d'art C.T.Loo & Cie. nach wie vor mit Möbeln und Kunstgegenständen aus China, aber auch aus anderen fernöstlichen Ländern.

Adresse 48, Rue de Courcelles | **Metro** 2, Station Monceau | **Tipp** Loo & Cie. ist teuer.
Für das kleinere Portemonnaie hält die Compagnie Française de l'Orient et de la Chine,
170, Boulevard Haussmann, viele hübsche Chinoiserien und Ähnliches bereit.

54 Die Maison d'Ourscamp
(4. Arr.)

Es geht langsam voran, aber es wird

Von außen machen die beiden Fachwerkhäuser aus dem 15. Jahrhundert an der Rue François-Miron wesentlich mehr her als die dezente Fassade des Hauses schräg gegenüber. Hinter der Hausnummer 44-46 verbirgt sich aber ein noch viel älterer Teil der Pariser Geschichte. Schon der kleine Empfangsraum unter gewaltigen, reich verzierten Deckenbalken ist eine Schau und bietet an der Wand neben der Kellertreppe eine Kuriosität: eine Tür mit halbrunder Erweiterung in der unteren Hälfte – sonst hätten die Weinfässer nicht durchgepasst. In diesen Räumen war nämlich vor über 900 Jahren die Pariser Dependance der Abtei von Ourscamp untergebracht. Und ihre Vorratskeller. Viele Abteien aus dem Pariser Umland betrieben solche Zweigstellen, die mächtigen Äbte wollten auf Reisen in die Hauptstadt nicht darben, und obendrein waren die in den Kellern gelagerten Güter von den Feldern der Abtei ein lukratives Geschäft.

Besucher werden von ehrenamtlichen Mitarbeitern, würdigen Damen und Herren, freundlich in Empfang genommen. Sie begleiten sie die steile Treppe hinab zur wahren Sehenswürdigkeit des Hauses: den Gewölben aus dem 13. Jahrhundert! Vor über 40 Jahren wurde damit begonnen, Tonnen von Schutt und Unrat, die sich über Jahrhunderte angesammelt hatten und bis zu den Säulenkapitellen reichten, Eimer für Eimer aus dem Keller zu schaffen.

Die Restaurierung schreitet seither stetig voran. Auch die Zimmerleute, Steinmetze, Maurer und andere Handwerker stellen ihre Zeit und Fertigkeiten kostenlos zur Verfügung und können sich daher größtenteils nur am Wochenende einfinden. Eine der Kellerwände ist aus Styropor – eine Filmattrappe. Auf Anfrage zeigt man gern und stolz den gerade erst fertig renovierten Balkon aus dem 15. Jahrhundert. Winzig und originalgetreu – alle Balken im alten Stil verzapft, ein handwerkliches Meisterstück.

Adresse 44–46 Rue François-Miron | **Metro** 1, Station Saint-Paul | **Öffnungszeiten** täglich 14–18 Uhr | **Tipp** Die Fachwerkhäuser gehören zum Kreis »ältestes Haus der Stadt«. Der historische Spitz des rechten Hauses behütet schon seit einigen Jahren einen Dauermieter – »Tenue correcte« erwünscht. »Club d'Echangistes«: ein Swingerclub.

55 Die Maison Fournaise (Chatou)

Frühstück mit Renoir

Eine orange-weiße Markise, ein blau gestrichenes Balkongitter. Genau wie es Renoir beim »Frühstück der Ruderer« gemalt hat. Kein Wunder, dass sich die Bilder gleichen, denn Renoir malte dieses Bild in einem Restaurant auf der Insel der Impressionisten. Und das gibt es heute noch.

Die Insel der Impressionisten liegt mitten in der Seine und gehört zum Städtchen Chatou. Ab Mitte des 19. Jahrhunderts war sie zunächst nur bei Ruderern sehr beliebt, und so ließ sich der Bootsbauer Alphonse Fournaise hier mit seiner Werkstatt nieder. 1860 eröffnete seine Frau nebenan eine Gastwirtschaft, genauer gesagt: ein Weinlokal, eine »guinguette«. Bald organisierte Alphonse Ruderfeste, Madame kümmerte sich um das leibliche Wohl der Ausflügler, Sohn Alphonse leitete den Bootsverleih, und Tochter Alphonsine stand Modell. Monet, Sisley, Manet, Pissaro, Matisse und viele andere waren hingerissen, nicht nur von Mademoiselle, sondern auch von der herrlichen Luft, von diesem einzigartigen Licht und von den Schattenspielen auf dem Wasser. Die Schriftsteller folgten: Guy de Maupassant beschrieb Fournaises Lokal als »Restaurant Grillon« in mehreren Werken, Appolinaire schätzte die gute Küche. Auch Degas war ein Freund der Familie. Zu wahrem Ruhm gelangte das Restaurant aber durch Pierre-Auguste Renoir. Von 1868 bis 1884 war er Stammgast und beschrieb sein Lieblingsausflugslokal als »schönsten Ort in der Umgebung von Paris«. Er malte über 30 Bilder in Chatou. Das berühmteste ist sicherlich das »Frühstück der Ruderer«.

Alphonsine schloss das Restaurant 1906, vier Jahre später gab Alphonse seine Werkstatt auf. Die Räume und Terrassen verfielen. 1979 kaufte die Stadt Chatou das, was übrig geblieben ist, 1982 wurden die Gebäude unter Denkmalschutz gestellt und von 1984 bis 1990 renoviert. Die »terrasse Renoir« ist wiedererstanden. In den weitläufigen Räumen und Sälen sind außerdem ein kleines Museum und ein Schiffsbauatelier untergebracht.

Adresse Île des Impressionnistes, 3, Rue du Bac, Chatou | **Metro** RER A1 ab Châtelet (20 Min.), Station Rueil-Malmaison oder Chatou-Croissy | **Tipp** Ganz in der Nähe liegt Malmaison, das Schloss, das Napoleon seiner Joséphine zum Abschied schenkte. Es heißt, dass er sie auch nach seiner Wiederverheiratung oft besuchte und nicht nur, um ihre berühmte Rosenzucht zu bewundern.

56 Die Maison Lavirotte (7. Arr.)

Jugendstil für Schwerenöter

Selbstverständlich kann es unbewusst passieren, dass sich über einer naturgemäß länglichen Haustür zwei eiförmige Oberlichter wölben. Wenn aber im unteren, hölzernen Teil der besagten Tür ein eichel-förmiges Gebilde das Ganze abschließt, kann das Ergebnis nicht mehr dem Zufall zugerechnet werden. – Daher ist diese Haustür auch kein Symbol, sondern einfach ein übergroßer Phallus.

Im Jahr 1901, zur Blütezeit des Jugendstils, wurde das Gebäude erbaut. Im selben Jahr fiel seine Fassade fast der Zensur zum Opfer, wurde dann aber doch mit dem ersten Preis des Fassadenwettbe-werbs der Stadt ausgezeichnet.

Das Wohnhaus ist komplett mit Keramik verkleidet, keine der sieben Etagen gleicht der anderen – die damaligen Baumeister hat-ten der Symmetrie den Kampf angesagt. Daher bricht ein ovales Fenster im dritten Stock das veraltete Gleichmaß und lässt Span-nung entstehen. Außerdem nimmt es die Eier-Symbolik der Haus-tür wieder auf. In manchen Architekturführern wird Fassaden-schmuck dieser Art ernsthaft als Blüten- und Stängelornamentik umschrieben.

Am Architekten des Gebäudes, Jules Lavirotte, scheiden sich die Geister: Manche sehen ihn mit Hector Guimard – Metro-Eingän-ge! – auf Augenhöhe, manche finden ihn und seine von sexueller Symbolik überbordenden Häuserfassaden schlichtweg geschmack-los. Er wird zu Recht als der ausschweifendste und eigenwilligste Ju-gendstil-Architekt verschrien und bewundert.

Die bedeutendsten Werke aus seiner »Art nouveau«-Schaffens-phase liegen alle im selben Viertel: zum Beispiel das Gebäude am Square Rapp Nummer 3, nur ein paar Häuser weiter, an dem ein Teil der Balkone auf Blütenstielen ruht, da Lavirotte an dieser Fassade, wie auch am Céramic-Hôtel, Avenue Wagram Nummer 34, wieder einmal hemmungslos seiner Liebe zur »Blüten- und Stängelorna-mentik« frönte.

Adresse 29, Avenue Rapp | Metro 8, Station École Militaire | Tipp An Nummer 12, Rue Sedillot, tobte sich Lavirotte am Hôtel Montessuy aus. Hinter der frivolen Fassade residiert nun das Lycée Leonardo da Vinci. Da dies ein öffentliches Gebäude ist, darf das Jugendstil-Treppenhaus während der Schulstunden – diskret – besucht werden.

57 __ Der Marché d'Aligre (12. Arr.)
Markt, Musik, Trödel

Der Marché d'Aligre besteht aus einem Markt unter freiem Himmel und dem Marché Beauvau, dem gedeckten Teil des Marktes, der zweitältesten von insgesamt 13 Markthallen auf den 82 Pariser Märkten. 1776 wurde das Terrain einem Nonnenkloster abgekauft. Eine Halle für den Handel mit Heu und Stroh wurde errichtet und 1779 eingeweiht. Die Äbtissin des Klosters, Gabrielle de Beauvau-Craon, verlieh der Halle ihren Namen. Nach einer pompösen Einweihung mieden viele Händler den Marché Beauvau. Die Äbtissin warf der Polizei vor, den aufsässigen Geschäftsleuten zu rigoros zu begegnen, und erhielt die Antwort, man könne mit dem »Gesocks aus Saint-Antoine« nicht hart genug umspringen. Die Antwort ließ nicht lange auf sich warten – die Markthalle wurde in den ersten Tagen der Revolution geplündert und zerstört. 1843 war sie wieder aufgebaut, die Stadtverwaltung übernahm die Leitung. Seit 1901 besteht die »Commune libre d'Aligre«, ein immer noch intakter Zusammenschluss von Bürgern zum Wohle von Markt und Viertel.

In der Zwischenzeit haben sich Armenwohnungen und Hinterhöfe der einstmals rebellischen Nachbarschaft in begehrte Lofts verwandelt und eine Menge Medienprominenz angezogen. Doch Zugereiste werden von den klassenbewussten Vierteldynastien, die drei Revolutionen auslösten, Könige stürzten und Staatsreformen durchsetzten, ignoriert. Die gewachsenen Strukturen des Viertels D'Aligre halten der Oberflächlichkeit verlässlich stand.

Markt ist dienstags bis sonntags von 8 Uhr 30 bis 13 Uhr. Neben dem traditionell breiten Angebot französischer Stände gibt es Köstliches aus dem Maghreb, Indien oder anderen Teilen Asiens. Das Angebot der Trödler, »puces«, auf der östlichen Platzhälfte lädt zur Reise durch Zeit und Kontinente. Die Fenstersimse der Markthalle und ein paar alte Weinkisten dienen als Snack-Tische. Am Wochenende und bei schönem Wetter wird das bunte Ensemble mit Livemusik unterlegt.

TRIPERIE
VOLAILLES

Adresse Place d'Aligre | **Metro** 8, Station Ledru-Rollin | **Tipp** Zur Markthalle gehört das Waschhaus an Nummer 9 der Rue de Cotte, das als letztes der Pariser Waschhäuser den Betrieb einstellte.

58 Der Marché de Rungis
(Rungis)
Ein Bauch zieht um

In einem Schlager aus den 1970er Jahren wird Paris um fünf Uhr wach. »Il est cinq heures, Paris s'éveille.« Um diese Zeit ist der Fischpavillon auf dem Großmarkt in Rungis an Wochentagen bereits drei Stunden geöffnet, Fleisch wird seit zwei Stunden verkauft, Blumen immerhin seit einer Stunde. Milchprodukte gibt's ab fünf, Obst und Gemüse ab halb sechs. Ebenfalls um fünf beginnen die Führungen durch diesen weltgrößten Umschlagplatz für Lebensmittel mit einem Jahresumsatz von über 7,5 Milliarden Euro.

Bereits in den 1950er Jahren war abzusehen, dass der überbordende Bauch von Paris der Stadt auf Dauer nicht gut bekam. Zwar waren alle (Verkehrs-)Adern und Venen seit Jahrhunderten durch den Markt an Stau gewöhnt, aber nun war der Kollaps absehbar. Lieferwagen mit Motor, deren Anzahl mit der Menge der umgeschlagenen Lebensmittel stieg, hatten die Marktkarren aus Holz ersetzt, die meisten Gassen rund um den Markt vor Saint-Eustache waren aber genauso eng wie vor 800 Jahren. Ab halb eins in der Nacht war das komplette Viertel verstopft, erst nach 13 Uhr wurde es ruhiger. Der Stau löste sich allerdings nie ganz auf – ständiges Gehupe und Geschiebe, Geschimpfe und Gedrängel. 1962 verkündete die Stadtverwaltung offiziell die Schließung und Verlegung des Markts, 1964 begannen die Arbeiten, 1969 wird der neue Marché de Rungis eröffnet. Der ausgelagerte Pariser Bauch liegt nun sieben Kilometer vom alten Hallenviertel entfernt, dafür verkehrsgünstig und auf über 230 Hektar Fläche, ein Drittel davon überdacht. Das Einzige, was an diesem modernen Umschlagplatz an Baltards Hallen erinnert, ist das Wort »Pavillon« in der Benennung der verschiedenen Bereiche. Und die Tatsache, dass das Restaurant »A la Marée«, eins von 27 auf dem Gelände, rund um die Uhr geöffnet ist. Und die »gratinée à l'oignon«, das traditionelle Arme-Leute-Hallen-Essen.

Adresse 1, Rue de la Tour, Rungis | **Metro** RER C2, Pont de Rungis – Aéroport d'Orly |
Tipp Jeden zweiten Donnerstag im Monat um 5 Uhr fährt ein Bus von der Place Denfert-
Rochereau nach Rungis, die Besichtigung des Markts startet um 5.30 Uhr und endet um
8 Uhr. Die Besichtigung mit anschließendem Frühstück kostet 65 Euro.

59 Die Mauer des Friedens
(7. Arr.)
Sublime Symbolik auf dem Marsfeld

Die Künstlerin Clara Halter und der Architekt Jean-Michel Wil-motte schufen den Turm für den Frieden in Sankt Petersburg, die Tore für den Frieden in Hiroshima und die Mauer für den Frieden in Paris. Sie wollen »Frieden« nicht als Zauberwort verstanden wissen, nicht als »message«, sondern als eine Aufforderung zu handeln, aktiv zu werden und haben es daher in 49 Sprachen und 18 Alphabeten auf 16 Meter Länge, 13 Meter Breite und 9 Meter Höhe auf eine Mauer aus Holz, Stahl und Glas geschrieben. Das Werk orientiert sich an der Klagemauer von Jerusalem. Auch hier können Besucher in eigens dafür eingelassenen Nischen kleine Zettel hinterlassen. Botschaften können auch über die eigene Website der Mauer ins Internet gestellt werden. Im Gegensatz zu den Gebeten auf den Zetteln in Jerusalem, die nur für Gott bestimmt sind, werden die ins Netz gestellten Gedanken auf Bildschirme innerhalb des Denkmals übertragen.

Die Mauer für den Frieden wurde im Jahr 2000 in voller Absicht direkt vor der Militärschule auf dem »champ de Mars« errichtet, das dem römischen Kriegsgott huldigt. Sie sollte nur kurz an dieser Stelle bleiben und dann an ihren Bestimmungsort vor dem Pariser Sitz der Unesco umziehen. Vielleicht winkt ihr ja ein ähnliches Schicksal wie dem stählernen Turm in der Nachbarschaft, der auch nur 20 Jahre auf dem Marsfeld stehen sollte.

Die Glasscheiben sind immer wieder Ziel von Vandalismus, die kleine Fördergesellschaft kann kaum alle Reparaturen zahlen. 2008 wurde eine der sechs Glaswände eingeworfen und die restlichen mit ausländerfeindlichen Spruchbändern beklebt. Bereits im Sommer 2006 hatte die Pariser Polizei den kompletten Bereich aufgrund ständiger Beschädigungen abgesperrt. Dauernd wird die Friedensmauer mit rassistischen Parolen und Graffiti beschmiert. In Zukunft möchte man versuchen, der Dummheit per Videoüberwachung Herr zu werden.

Adresse Plateau Jouffre | **Metro** 8, Station École Militaire | **Tipp** Im Unesco-Hauptsitz, 7, Place de Fontenoy, kann man nach telefonischer Anmeldung den Garten des Friedens, die Nagasaki-Gedenkstätte, den Square de Tolérance und das riesige Picasso-Gemälde besichtigen.

60 Messer aus Laguiole (3. Arr.)

Ein scharfer Pass

Die Hirten aus dem Aveyron, südlich der Auvergne, haben von Philippe Starck nie gehört. Sie trieben im Sommer ihre Herden, arbeiteten im Winter in spanischen Sägewerken oder reisten durchs Land und verkauften Käse, Wein oder Kohle aus der Heimat. Und in dieser Heimat hat der moderne Designer ihnen auch ein Denkmal gesetzt, genauer gesagt: ihrem Messer. Bis 1829 hatten sie dieses Arbeitsgerät in Spanien gekauft, dann entwickelte der Dorfschmied von Laguiole ein Klappmesser, dessen Klinge mit einer Feder arretiert werden konnte. In eine Seite des Hefts ließ er ein Kreuz ein, »Hirtenrosenkranz« genannt. So konnten die frommen Hirten das Messer in die Erde stecken und davor beten. Später kam noch ein Dorn ans hintere Ende, mit dem man Tieren bei Kolik den Pansen anstach, um sie zu retten.

Ende des 19. Jahrhunderts setzte die Landflucht ein. Auch die Auvergner flohen vor dem Hunger in die Städte, viele nach Paris. Im Sommer verdingten sie sich als Wasserträger, im Winter als Kohlenhändler. Die Heimat trugen sie in Gestalt ihres Messers immer bei sich. Das »Laguiole« wurde zum »passeport auvergnat«, ihrem Erkennungszeichen. Die vielen Auvergner Wirtshäuser in der Hauptstadt fungierten als »Konsulate«.

Philippe Starcks meterhohe Nachbildung eines Laguiole-Messers erhebt sich über den Produktionsstätten im Aveyron. Der weltbekannte Name des Messers ist nicht geschützt, Originale aus der »Forge de Laguiole« sind daher links unten an der Klinge mit LOG (Laguiole Origine Garantie) gestempelt. Es heißt, auf der Messerfeder säße eine Biene, weil Napoleon den Schmieden von Laguiole gewährte, ihre Messer mit seinem Wappentier zu verzieren. In Wahrheit ist die Messerfeder mit unterschiedlichen Motiven verziert, und Napoleon war schon acht Jahre tot, als in Laguiole die ersten Messer geschmiedet wurden. Marais-Bummler finden das Original in der Nähe der Place des Vosges, bei »Laguiole du Marais«. Qualität und Preis eines »Laguiole« sind beachtlich.

Adresse Laguiole du Marais, 6, Rue Pas de la Mule | **Metro** 1, 5, 8, Station Bastille | **Tipp**
Der Rosengarten Jardin Saint-Gilles Grand Veneur in der Rue de Hesse ist einer der ver-
steckten Schätze des Marais.

61 Die Metro-Station Arts et Métiers (3. Arr.)

Kupferverbindung

»Métro, boulot, dodo« ist die Pariser Bezeichnung für Alltag und bedeutet übersetzt: »U-Bahn, Maloche, Matratze«. In Paris gibt es eine ganze Reihe von Metro-Stationen, die mit ihrer Ausstattung die Passagiere aus ihrem Trott reißen sollen. Auch daran hat sich die Pariser »Untergrundszene« lange gewöhnt. Nur die Station »Arts et Métiers« fällt aus dem Rahmen: Dort heben viele der Gewohnheitstiere am Morgen den Blick, denn seit einem Komplettlifting im Jahr 1994 glänzen Wände, Decken, Ein- und Ausgänge, sogar Abfallbehälter in reinem, blank poliertem Kupfer. »Steam punk« nennt sich diese Kunstrichtung, die in der Science-Fiction wurzelt. Sie zeigt die Zukunftsvisionen eines Zeitalters, dessen technisches Nonplusultra die Dampfmaschine war. Daher die vielen Antriebs- und Zahnräder, Bolzen und das traditionelle Material. Die Sitze sind aus Hartholz, Plastik wäre unpassend.

François Schuiten heißt der belgische Künstler, der die Quais der Linie 11 dieser Station gestaltete und sich dabei von Jules Vernes Luft-, Raum- und Unterwasserfahrzeugen inspirieren ließ. So wechselt der Metro-Benutzer die Zeit, findet sich im Inneren einer Maschine oder an Bord der »Nautilus« wieder. An ein U-Boot erinnern auch die Bullaugen in den Wänden, in denen Miniaturen berühmter Erfindungen ausgestellt sind. Der unterirdische Bahnhof verbindet nämlich nicht nur Gegenwart und Zukunft, Alltag und Außergewöhnliches, sondern auch Metro und Museum. Vielleicht regen die runden Schaukästen den einen oder anderen Betrachter zum Besuch des darübergelegenen »Musée des Arts et Métiers« an, in dem neben Foucaults Pendel auch Watts Dampfmaschine, deren Weiterentwicklung, Aders dampfbetriebenes Fluggerät, und vieles andere zu bestaunen sind. Die Vielfältigkeit der Sammlungen ist beeindruckend. Nicht nur Freunde von Naturwissenschaft und Technik werden begeistert sein. Aber auch.

Metro 11, Station Arts et Métiers | **Tipp** In der Rue du Vertbois sind Wehrtürme und Wehrmauer der Abtei Saint-Nicolas des Champs zu sehen, als die das Musée des Arts et Métiers vor 800 Jahren angefangen hat. Das Haus Nummer 3 in der Rue Volta steht erst seit dem 15. Jahrhundert, ist aber trotzdem einer der aussichtsreichsten Bewerber um den Titel »ältestes Wohnhaus der Stadt«.

62 Die Metro-Station Porte Dauphine (16. Arr.)
Wie Guimard sie schuf

Die Weltausstellung 1900 war eine finanzielle Herausforderung für Paris. Man sparte, wo man konnte. Als der Architekt Hector Guimard für die Eingänge der neuen Metro eine günstige Version in Bausatztechnik vorstellte, bekam er daher den Zuschlag. Er hatte Module ersonnen, die sich zu zwei verschiedenen Arten von Eingängen zusammensetzen ließen: zu einer offenen Version (»modèle A«) und zu einer Version mit dem weltberühmten Dach (»modèle B«) und Wänden, denen die Guimard-Konstruktionen den Beinamen »libellule«, Libelle, verdanken. Das Glasdach über dem Metro-Eingang am Ende der Avenue Foch bestätigt: Dieses Häuschen ist ein B-Typ. Davon gibt es noch ein zweites, über der Station Abbesses, aber das ist nicht ganz original, da es im ersten Leben vor dem Pariser Rathaus stand. 1974 wurde es abgebaut und auf Montmartre wieder zusammengefügt. Der Wanderstation fehlen die Schutzwände um die Treppe mit den Platten aus emailliertem Lavagemisch und ihrem schnörkeligen »M« wie Metro. Für das Gemisch ließ Guimard zerstoßene Lava fein mahlen und mit Lehm und einigen anderen Zutaten mischen. Diese Prozedur lieferte ihm ein geschmeidig-formbares Baumaterial, ideal für die Herstellung haltbarer Platten. Die cremefarbenen Wandfliesen findet man nur hier auch im Inneren der Station. Für die Unterwelt der übrigen Guimard-Stationen entschied man sich für billigeres Weiß.

Guimard wurde wegen überhöhter Honorarforderungen entlassen. Handwerker führten seine Arbeit zu Ende, obwohl die »verdrehten Treppen, verbogenen Lampen und roten Froschaugen« vielen Parisern ein Dorn im Auge waren. Großer Jubel daher für den Architekten Cassien-Bernard, als er den Eingang der Metro-Station Opéra 1903 mit einer klassischen Steinbalustrade umgab. Als Hector Guimard 1942 in New York starb, war er lange vergessen. In Paris gibt es noch 86 Metro-Eingänge mit roten Lampen.

Adresse Avenue Foch | **Metro** 2, Station Porte Dauphine, Ausgang Avenue Foch, côté pair | **Tipp** Diese Avenue ist die breiteste Straße und erste **Adresse** der Stadt. Auf den ersten beiden Etagen des öffentlichen Parkhauses an ihrem anderen Ende bieten die fahrbaren Untersetzer der Anwohner eine Automobilausstellung de luxe.

63 Die Metro-Station Stalingrad
(18. Arr.)

Unter den Schienen Basketball

Metro-Bahnhöfe liegen im Allgemeinen tiefer als Basketballfelder. An der Metro-Station Stalingrad hängen die Basketballkörbe unter den Gleisen. Dort ist die Metro Hochbahn. Als dieser Bahnhof 1906 gebaut wurde, wagten sich die Ingenieure noch nicht an Tunnel unter der Seine, denn sie fürchteten die Höhlen, die über die Jahrhunderte durch Sandstein- und Gipsabbau unter der Stadt entstanden waren. So verlaufen sieben Kilometer der Pariser U-Bahnen oberirdisch, und der Film »Der letzte Tango in Paris« kann von quietschenden Metro-Zügen auf dem Pont Mirabeau begleitet werden. Auch bei »Stalingrad« erhebt sich die Metro über die Straße. Ihren Namen verdankt die Station dem Sieg der Roten Armee gegen die Wehrmacht bei der Schlacht um Stalingrad. Nachdem Namenspatron Stalin 1953 gestorben war und 1961 dann noch einmal für die Sowjetunion insgesamt, durfte sich die Stadt wieder Wolgograd nennen. Die Metro-Station führt weiterhin diesen Namen, denn die in unmittelbarer Nähe gelegene Place de la Bataille-de-Stalingrad wurde nach dem historischen Ereignis benannt und nicht nach dem Diktator.

Hier staut sich der Verkehr aus Richtung Norden in die Innenstadt. Lauschige Plätzchen oder ein bisschen Grün gibt es hier kaum, geschweige denn Bolz- oder Spielplätze. Unter den Gleisen finden Märkte statt, die weit entfernt sind von buntem Multikulti. Nicht alles, was gehandelt wird, ist legal.

Der Platz unter den Gleisen wurde einer Bürgerinitiative zugesprochen, damit diese dort Basketballfelder anlegen konnte. Hier spielt man miteinander, Alte und Junge, Begabte und Unbegabte, Stars und Danebenwerfer. Am späten Nachmittag sind die drei Plätze immer zu klein. Zwischen den gelb gestrichenen Umzäunungen ist es viel lauter als beim Boule, viel farbiger und viel schneller. Boule ist gut gegen das Alleinsein im Alter. Basketball nimmt sich im Viertel »La Chapelle« der Jugend an.

Adresse Place de la Bataille-de-Stalingrad | **Metro** 2, Station Stalingrad | **Tipp** Am Bassin de la Villette kann man sich auf viele verschiedene Arten verpflegen, und der Weg dorthin führt an der Rotonde de la Villette vorbei, einem Zollhaus aus der Mitte des 19. Jahrhunderts.

64 Das Moulin de la Galette
(18. Arr.)
War nie eine Mühle

Es gibt keine Mühle namens Moulin de la Galette. Es gab auch nie eine. Von den letzten beiden der 30 Mühlen auf Montmartre heißt eine »Blute-Fin«. Die Spitzen ihrer Flügel recken sich knapp über die Bäume am oberen Ende der Rue Tholozé. Darunter der Eingang zur Künstlerenklave »Hameau des Artistes«, für die Öffentlichkeit schon lange geschlossen. Zahlendes Publikum war in diesem Garten dagegen überaus erwünscht, als er noch das Tanzlokal »Le Bal du Moulin de la Galette« beschattete, in dem Pierre-Auguste Renoir sein berühmtes Bild malte. Van Gogh malte die Mühle darüber aus Richtung Sacré-Coeur, bei Utrillo ragt Sacré-Cœur ins Mühlen-Bild, da er die Staffelei auf der anderen Seite des Hügels aufgebaut hatte. Auch Toulouse-Lautrec, Picasso und Renoir malten diese Ansicht.

Die zweite Mühle trägt den Namen »Moulin Radet« und steht in Sichtweite der »Blute-Fin«. Im Jahr 1809 kaufte eine Familie Debray beide Mühlen und nutzte sie zum Mahlen von Mehl, Pressen von Trauben oder als Steinmühlen. Erst 1870 eröffneten die Debrays ihr Ausflugs- und Tanzlokal »Bal du Moulin de la Galette«, benannt nach einem kleinen Buchweizenpfannkuchen. Kellner im Müllerkostüm servierten den Gästen die »galettes« mit einem Glas Milch. Jahrzehntelang pilgerten die Pariser hinauf in den Garten unter der Mühle und amüsierten sich. Doch schließlich verflog der Zauber von Milch und Tanz und Pfannkuchen. Das Etablissement verkam zur Music Hall, wurde bis 1966 für Aufzeichnungen vor Publikum genutzt, dann als öffentlich-rechtliches Fernsehstudio, dann verschwand es.

Auch wenn »Moulin de la Galette« dransteht: Es ist nur der Name des Restaurants in der Radet-Mühle – kein Tanz, keine verkleideten Kellner, kein Buchweizenpfannkuchen. Die verbliebenen Gebäude und Räume unterhalb der »Blute-Fin« sollen Künstlern als Wohn- und Schaffensstätte zu Niedrigpreisen zur Verfügung stehen – so geht die Sage.

Adresse Rue Lepic, Ecke Rue Tholozé | Metro 12, Station Abbesses (tiefste **Metro**-Station –
Aufzug nicht übersehen!) | **Tipp** »Typisch Montmartre« gibt es nicht an der Place du Tertre,
sondern an der Place Émile Goudeau.

65 __ La Mouzaïa (19. Arr.)

Unbezahlbare Reihenhäuschen

Vogelgezwitscher, Blauregen, Gaslaternen – mehr Provinz als rund um die Place de Rhin-et-Danube ist in Paris nicht zu finden. Idylle pur bietet allen voran das Quartier Mouzaïa, erbaut von Mitte des 19. bis Anfang des 20. Jahrhunderts und benannt nach einer Schlacht um die gleichnamige algerische Stadt im Jahr 1840. Die engen, eingeschossigen Reihenhäuschen des Viertels auf der Butte du Beauregard folgen der hügeligen Topografie der einstmals freien und tatsächlich schönen Stadt Bellevillle, unter der vom Mittelalter bis 1870 im größten und ältesten Steinbruch von Paris Gips abgebaut wurde.

Wegen des durchlöcherten Untergrunds durfte nur eingeschossig gebaut werden, das Gesamtbild ist einheitlich-friedlich. Obwohl viele der roten Backsteinfassaden mittlerweile unter Putz verschwunden sind, ist dies eine echte »lost world«, versteckt hinter den Plattenbauten der Place des Fêtes, unter denen der Untergrund bedauerlicherweise verstärkt werden konnte.

Innerhalb der Mouzaïa verdienen die 24 Anliegerhäuschen des Hameau du Danube das Prädikat »besonders wertvoll«. Weitere Häuserzüge im Pavillonstil baute Paul-Casimir Fouquiau in der Villa de Belleville, der Villa de Fontenay und der Villa Amalia. Für die Mini-Alleen entwarf er vier Hausmodelle. »Typ 1« war das kleinste, für eine einzige Mietpartei gebaut. Es wurde das erfolgreichste: Hinter dem bettvorlegergroßen Vorgarten führt eine Treppe zur Haustür, direkt dahinter geht's in die gute Stube. Von den zwei Fenstern im Obergeschoss erhellt das größere das Zimmer, das kleinere die Toilette. Manche Fensterstürze sind in leichtem Relief bescheiden verziert.

Fouquiau hatte das Terrain gekauft und in Parzellen aufgeteilt. Mit den bezahlbaren Häuschen lockte er das Kleinbürgertum erstmals hinter die Stadttore. Mittlerweile sind die Preise allerdings astronomisch.

19e Arrᵗ

VILLA CRONSTADT

...EENDE DE BELLEVILLE
...N 1814...

Adresse Villa de Cronstadt | **Metro** 7b, Station Danube | **Tipp** Neben der Rue Compans steht seit über 400 Jahren der Regard de la Lanterne. Seit der Römerzeit fließen an dieser Stelle mehrere Wasserströme in ein Aquädukt. Das Häuschen schützt seit dem Mittelalter vor Wasserverschmutzung und -diebstahl.

66 Das Musée de l'Histoire de la Médecine (6. Arr.)

Thriller

Seit 1971 befinden sich in den Gebäuden in Nummer 12, Rue de l'École de Médecine, die Université Paris Descartes und im Dachgeschoss das Museum für die Geschichte der Medizin. Im weitläufigen Eingangsbereich weist zwar ein diskretes Hinweisschild den Weg zu Aufzug und Museum, aber der Fußweg über breite Treppen und lange Flure, vorbei an hohen Türen zu ehrwürdigen Hörsälen ist imposanter. Im dritten Stock des Gebäudes residiert das Museum weitgehend unbemerkt. Saal mit Glasdach, polierte Schaukästen, eine freundliche Dame an einem vornehmen alten Tisch verkauft die Eintrittskarten. Bis zur Betrachtung der Sammlung wirkt alles eher fad.

Immerhin wurde diese älteste Sammlung ihrer Art in Europa auf Befehl Ludwigs XV. angelegt und im Jahr 4 der Revolution dem Volk als Museum zugänglich gemacht. Das Ein-Raum-Museum zeigt historische Chirurgenbestecke, einige rare, weil komplett erhaltene, historische Arzttaschen, altägyptische medizinische Instrumente, ein gallorömisches Arztsiegel. Der Besucher versucht, sich die ausgestellten Werkzeuge nicht im Einsatz vorzustellen.

Richtig schaurig wird es dann an der hinteren Treppe zur Empore, wo ein unscheinbarer Beistelltisch mit Glasplatte steht. Unter der Platte ein Fuß, drum herum vier graue Ohren und verschiedenfarbige Scheiben in symmetrischer Anordnung. Das protzige Silberband ums Fußgelenk verkündet: »Hergestellt von Efisio Marini, Arzt und Naturalist aus Italien, für Napoleon III.« Alles echt. Ungläubig senkt sich der Blick auf versteinertes menschliches Hirn, Blut, Galle, Leber, Lunge und verschiedene Drüsen. Fuß und Ohren sind mit ebenfalls versteinerten Wirbelscheiben fein verziert. Marini war in erster Linie weder Arzt noch Naturalist, sondern ein findiger Einbalsamierer. Das Geheimnis um die Zusammensetzung seiner Versteinerungsmixtur hat er nie gelüftet. Mille grazie!

Adresse 12, Rue de l'École de Médecine | **Metro** 4, 10 Station Odéon | **Öffnungszeiten** 1.10.–15.7. Mo, Di, Mi, Fr, Sa 14–17.30 Uhr, Do, So, feiertags geschlossen, 15.7.–30.9. Mo–Fr 14–17.30 Uhr, Sa, So und 15.8. geschlossen, vom 24.12. bis 2.1. geschlossen. | **Tipp** Noch schauerlicher ist das Musée Dupuytren in der École de Médecine gegenüber. Es ist für Kinder wirklich nicht geeignet. **Öffnungszeiten** wie beim Museum für die Geschichte der Medizin.

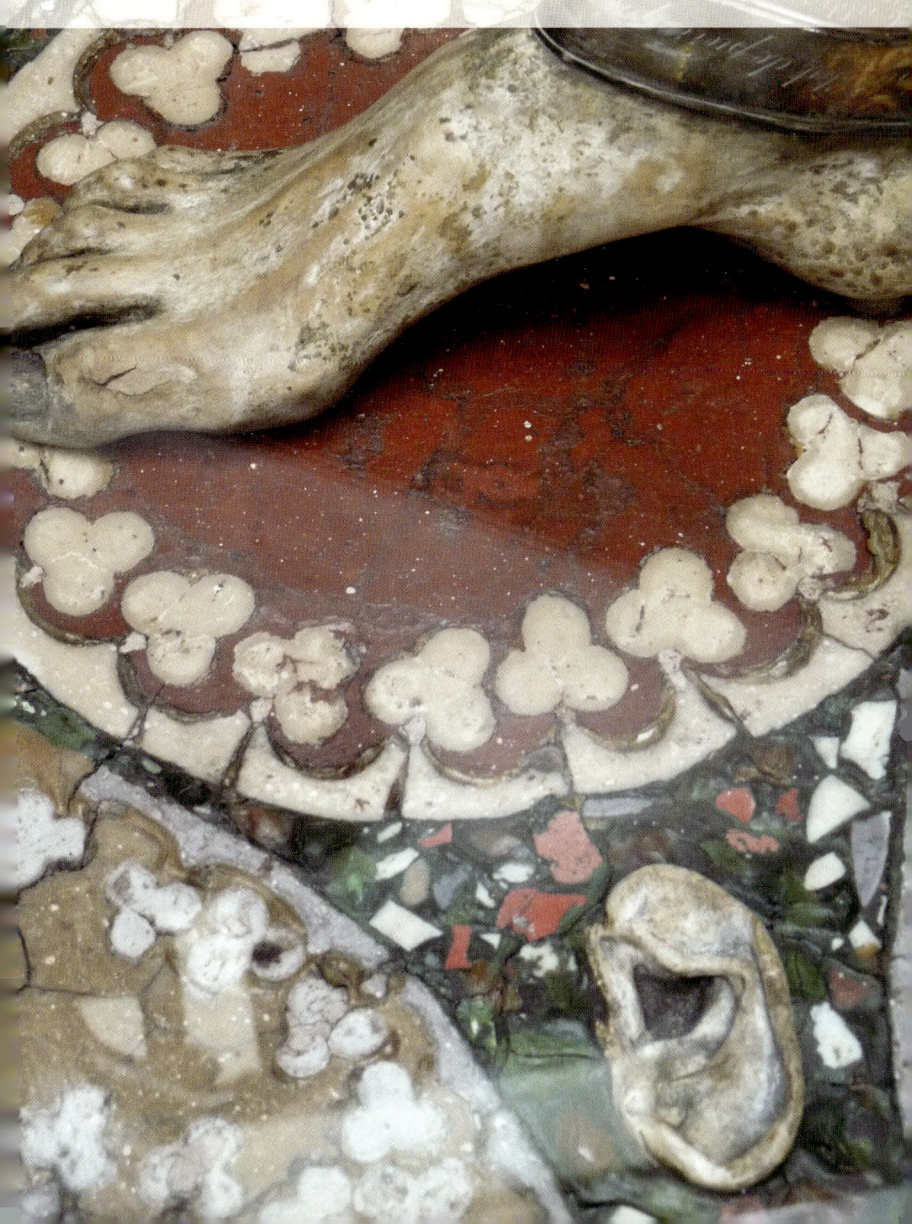

67 Das Musée de la Préfecture de Police (5. Arr.)

Kriminelle Ansichten

Das Gebäude des Commissariat de Police im fünften Arrondissement ist ein anschauliches Beispiel für die federleichten Betonbauten der 1970er. Die Wachtposten vor dem Eingang sind schwer bewaffnet, aber freundlich. Besucher, die nach dem Polizeimuseum fragen, ernten oftmals verständnislose Blicke – vor allem jüngeren Polizeibeamten ist nicht bekannt, dass sich ihre Dienststelle das Gebäude mit einem Museum teilt. Nach Rückfrage darf man an der Dienststellen-Warteschlange vorbeigehen und mit dem Aufzug zu den Ausstellungsräumen im zweiten Stock fahren.

Ein abgelegenes Museum, auf Mitbesucher trifft man selten, denn die Ausstellungsstücke sind zumindest interessant, manche skurril, viele schaurig, aber die Räume kommen ein bisschen verschlissen und muffig daher. Als hätte sich seit den späten 60er Jahren hier nicht viel geändert: zuerst ein bisschen Geschichte, Aushänge, Uniformen, Schlüssel und Schlösser, dann Mord- und Folterinstrumente, Kerkertüren, Fesseln, schließlich Originalfotos von Opfern und Tätern, Tatorten und Hinrichtungen. Historische Einblicke bieten die Originalakten zum Prozess gegen Ravaillac, der Heinrich IV. ermordete. – Vom Sonnenkönig höchstpersönlich unterzeichnete »lettres de cachet« liegen aus, mit denen Bürger ohne Prozess oder Begründung hinter Gitter gebracht wurden. Seine Majestät entschied nach Lust und Laune über die Dauer des Aufenthalts. »Du kommst aus dem Gefängnis frei«-Kärtchen wären praktisch gewesen, gab es aber nicht – obendrein lag das Bastille-Gefängnis nicht zwischen Poststraße und Seestraße. Schuss- und Stichwaffen, größtenteils im Gefängnis mit primitivsten Mitteln hergestellt, Uniformen, Prozessakten bis zurück ins 16. Jahrhundert, Fotos von Messerstechern, Meuchelmördern und Giftmischerinnen. Insgesamt gruseliger als ein Wachsfigurenkabinett. Den Kommissar Maigret sucht man vergeblich.

Adresse 4, Rue Montagne-Sainte-Geneviève | **Metro** 10, Station Maubert-Mutualité | **Öffnungszeiten** Mo-Fr 9–17 Uhr, Sa 10–17 Uhr | **Tipp** Wenn malerisch, dann Rue de Bièvre. 1250 wurde sie erstmalig erwähnt, im Jahr 1295 soll Dante hier gewohnt haben, von François Mitterrand weiß man es genau: Er lebte von 1972 bis 1995 in Nummer 22.

68 Das Musée Nissim de Camondo (8. Arr.)

Unter jedem Dach ein Ach

Nissim de Camondo war der einzige Sohn des Bankiers Moïse de Camondo. Er starb als Jagdflieger im Ersten Weltkrieg. Die Familie stammte aus Konstantinopel und hatte sich um 1870 in Paris niedergelassen. Nach Moïses Tod wurde das Familienanwesen gemäß Testament in ein Museum verwandelt. Der Patriarch Moïse hatte eine kostbare Sammlung von Kunst und Möbeln zusammengetragen, für die er sogar das von seinen Eltern erbaute Stadtpalais nach deren Tod abreißen und aufwendig neu erbauen ließ. Er wollte seinen Schätzen einen Rahmen nach eigenen Vorstellungen bieten.

Heutzutage sind es jedoch weder Moïses Kunstschätze noch das riesige Treppenhaus oder der holzgetäfelte Aufzug und auch nicht der herrliche Blick in den Parc Monceau, die die Aufmerksamkeit der Besucher fesseln. Es sind vor allem die vollständig erhaltenen Dienstbotenräume, die komplett erhaltene Küche und die Badezimmer, die nachdrücklicher als die prunkvolle Einrichtung ein Stück großbürgerlicher Zeitgeschichte erzählen, wie man es in Paris kein zweites Mal findet. Zweiklassengesellschaft unter einem Dach, die Bereiche strengstens getrennt, die unsichtbaren Mauern heute noch zu spüren.

Nissims Schwester Béatrice, ihr Mann Léon Reinach und ihre Kinder Fanny und Bertrand erbten das Vermögen. Nach dem deutschen Einmarsch in Frankreich flohen Léon und Bertrand in ein Dorf in den Pyrenäen. Béatrice und ihre Tochter Fanny blieben in Paris. Sie meinten, als Mitglieder der guten Gesellschaft drohe ihnen keine Gefahr. Bei Reitturnieren trat Béatrice blauäugig gegen Offiziere der Wehrmacht an und trug dabei den Judenstern an einer diskreten Stelle ihres Reitkostüms. 1942 wurden Mutter und Tochter von der Gestapo und Helfern aus dem Vichy-Regime festgenommen und deportiert. Ihr Mann und ihr Sohn Bertrand wurden im Exil vom Dorfpfarrer verraten. Alle vier starben in Auschwitz.

Adresse 63, Rue de Monceau | **Metro** 2, Station Monceau | **Tipp** Im Hof des Hauses Nummer 9 der Rue Murillo sind an den Wänden Reste des abgebrannten Tuilerienschlosses angebracht.

69 Das Muséum National d'Histoire Naturelle (5. Arr.)

Alles, nur kein Musée

Diese Sammlung samt Gebäude trägt als einziges Pariser »musée« den Titel »Muséum«. Es ist ein ehrwürdiges Exemplar seiner Gattung, mit antiquiertem Charme, wie er in Hightech-Ausstellungsräumen ebenso unauffindbar wie unerwünscht ist. Gusseisen, Bronze und poliertes Holz brauchen sorgfältige Pflege, strahlen dafür aber auch was aus. Neben seinem Charakter durfte das Museum auch die gusseisernen Laufstege, die Schaukästen mit den Informationstäfelchen und die meisten der teils hochbetagten Exponate behalten. Vielen fehlt ein Stückchen Fell oder Klaue, doch das wird vom Dämmerlicht liebevoll verhüllt. Durch die hohe, halbdunkle Halle hat sich eine Tierkarawane à la Arche Noah aufgemacht – Elefanten, Giraffen, Zebras, Büffel, Flusspferde, Löwen und viele andere ziehen durch das Erdgeschoss, vorbei an den Rückenwirbeln der Wale, die aus dem Keller ragen, in Richtung Ausgang. Wirklich ankommen wollen sie nicht, aber sie gehen ja auch nicht wirklich.

Im zweiten Stock die »Galérie des espèces disparues et menacées«, eine Sammlung ausgerotteter und bedrohter Tierarten, düster und geheimnisvoll. Mittendrin zwischen Säbelzahntiger und Konsorten steht etwas unpassend eine herrliche alte Uhr aus dem Besitz der Königin Marie-Antoinette, die sie für ihren Spielzeugbauernhof »Petit Trianon« anfertigen ließ. Bis dahin musste sie immer angestrengt auf den Glockenschlag aus dem Versailler Schloss lauschen, da ihr in ihrem künstlichen Paradies keine Stunde schlug und sie trotz alledem als Frau Königin wissen musste, wann es Zeit war, die leichtlebige Scheinwelt zu verlassen, um an den ungeliebten Hof zurückzukehren. So ließ sie diese »horloge« bauen. Irgendwann hat sie dann doch noch gelernt, ohne Uhr zu erkennen, was die Stunde geschlagen hatte. Da war es zu spät. Eine Erinnerung an Marie-Antoinette, die letzte Königin von Frankreich, espèce menacée et disparue.

Adresse Rue Geoffroy Saint-Hilaire | **Metro** 7, Station Censier Daubenton | Öffnungszeiten Mi–Mo 10–17 Uhr, April–Okt. Sa–So 10–18 Uhr. 1. Mai geschlossen. | **Tipp** Im Jardin des Plantes, zwischen den großen Ausstellungsgebäuden »Minéralogie« und »Paléontologie«, steht ein Kinderkarussell, auf dem sich ein Säbelzahntiger und ein Dodo gemeinsam mit Vertretern noch nicht ausgestorbener Arten im Kreis drehen.

70__Notre-Dame-du-Travail-de-Plaisance (14. Arr.)

Eiffels Turm hat eine Schwester

Die Vorgängerin, Notre-Dame-de-l'Assomption, wurde 1849 eingeweiht. Sie sollte Raum schaffen für die Gläubigen der rasant wachsenden Einwohnerschaft des Montparnasse-Viertels Plaisance und wurde mit 18 mal 8 Metern doch die kleinste Kirche in Paris. Statt Fenstern gab es ein paar Öffnungen im Dach. Der Kirchenschatz, eine Glocke aus Sebastopol, Beutestück aus dem Krimkrieg, hing an einem Holzgestell im Eingang. Die Kommune plünderte trotzdem.

25 Jahre später ist Plaisance eine große, selbstständige Pfarre. Pfarrer Soulange-Boudin forderte den Bau eines neuen, größeren Gotteshauses. Es sollte der Arbeit und den Arbeitern geweiht werden, führte er aus, solle »den Arbeiter an seine Schaffensstätte erinnern, damit er sich zwischen Eisen und Holz heimisch fühle«. Es traf sich ganz vorzüglich, dass viele seiner Schäfchen bereits die Eisenkonstruktionen mehrerer Pariser Weltausstellungen auf- und abgebaut hatten und der Architekt der neuen Kirche, Jules Astruc, Eiffel- und Baltard-Fan war, denn beim Kirchenbau war Sparen durch Eisenrecycling angesagt: Die meisten Metallbögen und -säulen der neuen Kirche stammen vom Palais de l'Industrie der Weltausstellung 1855, das für den Bau des Grand und Petit Palais weichen musste. Seitenwände, Strebepfeiler sowie die Mauern des Pfarrhauses sind dem Abbruch des Schlachthofs von Grenelle zu verdanken. Auf ausdrücklichen Wunsch von Soulange-Boudin erstrecken sich Tribünen an den Seitenwänden, ganz wie in den Kirchen seiner baskischen Heimat. Die Seitenkapellen werden in Jugendstil und Art-déco ausgeführt. Ihre Farben wiegen das eiserne Grau-in-Grau von 135 Tonnen Eisen und Stahl mit Leichtigkeit auf. Den Namen verdankt Notre Dame du Travail den Arbeitern des 14. Arrondissements und einer Marienstatue, für die die Aussteller der »Expo 1900« zusammengelegt hatten. Die Glocke von der Krim bekam ihren eigenen Glockenturm.

Adresse 59, Rue Vercingétorix | **Metro** 13, Station Gaîté | **Tipp** In den Straßen um die **Metro**-Stationen Pernety und Plaisance verbirgt sich ein gewachsenes Pariser Viertel mit kleinen Geschäften und guten Restaurants mit niedrigen Preisen.

71__Die Opéra Garnier (9. Arr.)
Keine Freikarten für niemanden

Oper oder opéra – vom lateinischen opus (operis, neutrum), zu
Deutsch: 1. Arbeit, 2. Werk, 3. Mühe. Herr Garnier, Architekt der
Pariser Oper, wusste wahrscheinlich 1. um die Arbeit, die vor ihm lag,
und 2. um das Werk, das er vollbringen würde. Mit so viel 3. Mühe
hatte er nicht gerechnet. Und das fing bei den Ausschachtungsar-
beiten an. Pausenlose Wassereinbrüche setzten dem engen Zeitplan
zu. In aller Eile wurde unter dem Gebäude ein See angelegt, um das
Wasser zu sammeln und abzupumpen. Genau hier ist sie entstanden, Gaston Leroux' Geschichte vom unglücklichen Opernphan-
tom Erik. Allwöchentlich wird es von den Feuerwehrtauchern gestört, wenn sie in seinem See Übungen durchführen.

Bei der Eröffnung der Pariser Weltausstellung von 1867 war
Garnier gerade mal mit der Fassade und ein paar Innenarbeiten fertig. Napoleon III. wollte aber prunkvoll eröffnen. Man weihte also
feierlich die Hauptfassade ein, vorher wie ein Weihnachtsbaum vor
der Bescherung verhüllt.

Jetzt vermisste der Kaiser nur noch eine schöne Straße, die auf
seine Oper zuführte. Stadterneuerer Haussmann schaffte Abhilfe
und machte für die Avenue de l'Opéra bereitwillig ein altes Viertel
platt. Voilà. Jetzt noch ein paar Bäume auf die Avenue, und dann
konnte der Kaiser die Fahrt vom Louvre zur Oper endlich genießen.
Da meldete sich Garnier zu Wort: Bäume verbitte er sich, die würden die herrliche Symmetrie der Oper in Grund und Boden blühen.
Gut, keine Bäume. Napoleon III. hat es nicht gestört, denn der war
bei der Einweihung der Avenue de l'Opéra schon lange abgesetzt
und starb zwei Jahre vor Einweihung der Komplett-Oper und hinterließ allein für dieses Projekt Schulden in Höhe von 36 Millionen
Goldfranken. War wohl ein bisschen mehr geworden. Es war kein
Geld mehr da – nicht mal Garnier selbst bekam ein VIP-Ticket zur
Eröffnungsvorstellung in seiner Oper. Er kam als Selbstzahler und
saß zweite Loge.

Adresse Place de l'Opéra | **Metro** 3, 7, 8, Station Opéra | **Tipp** Das nahe Café de la Paix wurde ebenfalls von Garnier entworfen.

72 — Das Païva-Palais (8. Arr.)

Herrenclub in Mätressen-Nippes

An Nummer 25 steht eins der letzten Palais der Prachtstraße und schaut hochmütig über das globale Einheitsfutter rundherum hinweg. Dies war die Residenz von »La Païva«, eine der letzten sogenannten »grandes horizontales«, die sich wacker hochgeschlafen hatte, bis sie in dritter Ehe Herrn Guido Henckel von Donnersmarck heiratete (tatsächlich mit Henckel von Donnersmarcks Florian, Oscar-Gewinner 2007, über 1.000 Ecken verwandt), der ihr in großer Liebe dieses Schlösschen bauen ließ. Genauer gesagt: Sie ließ es bauen und ihn bezahlen, wie es in ihrem Berufszweig üblich war. Der gute Mann war ihr komplett verfallen, dieser geborenen Therese Lachmann, Webertochter aus dem Moskauer Ghetto, elf Jahre älter als er. Er war 37 und sie 48, und es war Sommer … Die Ehe währte, bis Therese im Jahr 1884 verschied. Eine offizielle Bestattungsfeier fand nicht statt, und »La Païva« geriet fast augenblicklich fast überall in Vergessenheit.

Guido hatte sich unterdessen was Frisches geholt. 30 Jahre jünger als er und überaus neugierig, sprang die Neue munter über die Flure des Donnersmarck'schen Anwesens Neudeck, und nichts war vor ihr sicher.

Auch nicht diese ewig verschlossene Tür, hinter der sie sich unversehens Auge in Auge mit ihrer verstorbenen Vorgängerin wiederfand, denn Guido hatte seine geliebte Therese in Alkohol einlegen lassen. Die junge Donnersmarck war von ihrer Neugier kuriert und ihr Gatte scheinbar von seiner Besessenheit, denn er ließ »La Païva« nun endlich begraben.

Mittlerweile gehören die Räume samt Einrichtung, Typ »seelenloser Kurtisanen-Tinnef an Halbwelt-Brimborium«, dem piekfeinen »Traveller's Club«. Hier können Gentlemen mit Mitgliedsausweis in Ruhe Zeitung lesen, gepflegt speisen, gepflegt ruhen. Einer der Tische wird über der ehemaligen Badewanne im Kurtisanenbadezimmer gedeckt.

Adresse 25, Avenue des Champs-Élysées | **Metro** 1, Station Franklin D. Roosevelt |
Öffnungszeiten Führungen Sa, So 9.30–11 Uhr, Anmeldung unter Tel. 0033-1-78689946,
Mme Arnaud | **Tipp** Das Hôtel Marcel Dassault in Nummer 7, Rond-Point des Champs-
Élysées, ist ebenfalls ein Neoklassiker und beherbergt eine Kunstbuchhandlung, ein Café
und ein berühmtes Auktionshaus, darf also unangemeldet betreten werden

73__ Das Palais du Commerce
(10. Arr.)
Das Kind beim Namen genannt

1924 redete man nicht drum herum: »Le Palais du Commerce«! Da wusste der Kunde, dass an diesem Ort Geldausgeben und Umsatzsteigerung gefragt waren. Zu diesem Zweck und nicht etwa aus Nettigkeit gegenüber dem Kunden – wo konnte man sich das je leisten? – bot ihm der Kommerz ein solides Dach über dem Kopf, dazu viel Glas, schmiedeeiserne Treppengeländer und als Tüpfelchen auf dem i einen Aufzug. Hell war es auch, zumindest tagsüber, dafür sorgten Glasfronten an der Vorder- und Rückseite. Die bunten Scheiben sind mit Blümchen und Früchtchen verziert und wurden irgendwo zwischen Jugendstil und Art déco angesiedelt, obwohl 1924 der Expressionismus lange eingesetzt hatte. Viel weißes Glas in den Eingangstüren der Ateliers – es hatte sich bereits in der ersten Hälfte des 20. Jahrhunderts herumgesprochen, dass die Nutzung solarer Energie Geld sparte. Vor einigen Jahren erwarb Claude Boumahrat das Palais mit dem Ziel, den alten Gängen mittels Kunsthandwerk und Kunst neues Leben einzuhauchen. Handwerker und Künstler folgten seinem Ruf zunächst weder auf Anhieb noch in Scharen, aber mittlerweile ist eine ansehnliche Gemeinde zusammengekommen. Auch Werbeagenturen haben diesen Ort entdeckt.

Das Kronjuwel des Palais du Commerce liegt jedoch im Untergeschoss. »La Java«! Zunächst stand der Name für einen Tanz, entstanden bei den Akkordeonspielern in der verruchten Rue de Lappe, als anstößiger Protest gegen den langweiligen Walzer. Als Lokal ist »La Java« Institution, Mythos, Enklave, einer der letzten »bal-musettes« in Paris. Django Reinhardt trat hier auf, und Jean Gabin, Maurice Chevalier, Édith Piaf gaben für ein paar Sous oder eine warme Suppe ihre Debüts. Das »La Java« passt sich an, um zu überleben – zurzeit mit Elektropop, Salsa und House. Aber egal, zu welchen Klängen die Nachtschwärmer flattern: »Um die Häuser ziehen« heißt im gesamten frankofonen Raum immer noch »faire la java«.

Adresse 105, Rue du Faubourg du Temple | **Metro** 11, Station Goncourt, Belleville | **Tipp** Über die Rue Saint-Maur ist es nicht weit in die Rue Oberkampf, dem Ausgehzentrum des Pariser Ostens. Hier gibt es Livemusik, Speisen und Drinks aller möglichen Richtungen und Gegenden zu verträglichen Preisen.

74 Das Paradis Latin (5. Arr.)

Blanke Busen am linken Seine-Ufer

In einem Pariser »Cabaret« ist die Chorus-Line häufig oben ohne. 1802 war sichtbarer Frauenknöchel schon fast zu viel des Guten, auch im Theater. So gaben sich die Damen und Herren Schauspieler allesamt noch züchtig bedeckt, als der Erste Konsul Napoleon Bonaparte die Neuordnung der Pariser Theater anordnete und den Bau eines Theaters auf der alten Stadtmauer an der Rue des Fossés-Saint-Victor befahl, damit leichtere Unterhaltung sich auch auf der linken Seine-Seite ansiedelte. 1803 wurde das »Théâtre Latin« eingeweiht.

Es hatte seine guten Momente, wurde aber erst fast 30 Jahre später zum Treffpunkt der üblichen Verdächtigen. Die Atmosphäre war ungezwungen in dem großen Saal im Untergeschoss, den alle »literarische Tränke« nannten. Sogar Balzac ließ sich manchmal blicken. 1870 zerstörte ein Feuer das Theater. 17 Jahre lang übersah man die geschwärzten Reste. Doch als die Weltausstellung 1887 immer näher rückte und die Hauptstadt sich für Besuchermassen rüstete, musste was passieren. Man fragte Gustave Eiffel, ob er den Wiederaufbau übernehmen wollte, der sah sich den Bauplatz an und sagte begeistert zu, als sich die uralten Fundamente als stabil genug erwiesen, um eine seiner Eisenkonstruktionen zu tragen. Am 29. Januar 1889 wurde wiedereröffnet, Gustave Eiffels Amüsiersaal erhielt den Namen »Paradis Latin« und war ständig ausgebucht.

Anfang des 20. Jahrhunderts hatte die Konstruktion des Paradis Latin gegen die modischen Säle im Jugendstil keine Chance mehr. Ab 1930 stand der Saal leer, nach langer Talfahrt bei ständigem Besitzerwechsel. 1973 sollten die verfallenen Räumlichkeiten in Wohnungen verwandelt werden. Der Bauunternehmer fiel aus allen Wolken, als unter Gipswänden und nachträglich eingezogenen Decken Eiffels Konstruktion zutage trat. An einer Säule hängt noch immer ein Plakat: »Paradis Latin«. Der Umbau wurde abgesagt, die Wiedereröffnung am 14. November 1977 geriet zum Triumph. Eins der wenigen Cabarets auf der linken Seine- Seite, das einzige mit echter Geschichte.

Adresse 28, Rue du Cardinal Lemoine | **Metro** 10, Station Cardinal Lemoine | **Tipp**
An der Rue du Cardinal Lemoine, Ecke Quai de la Tournelle befindet sich das »Tour
d'Argent«. Es ist das älteste Restaurant der Stadt, hier hat schon Henri IV. gespeist. Die
Preise sind jenseits von Gut und Böse.

75_ Der Parc André Citroën
(15. Arr.)
Automobilballon

Eine Ente, ein Hammel und ein Hahn schwebten am Himmel über Paris. Der Ente hätte der Blick nach unten sicher nichts ausgemacht, doch weder sie noch ihre Gefährten konnten über den Rand des Fesselballons der Brüder Montgolfier schauen – sie waren in Käfigen am Boden einquartiert. Holzklasse. Anderenfalls hätten die beiden flugunfähigen Passagiere als erste ihrer Kategorie Paris aus der Luft betrachten können. Das Großereignis fand mit viel Tamtam und in Anwesenheit von König Ludwig XVI. am 19. September 1783 vor dem Versailler Schloss statt. Beim nächsten Mal im darauffolgenden November trauten sich zwei Zweibeiner in die Luft. Man blieb 25 Minuten oben und fuhr von der heutigen Porte de la Muette bis dort, wo mittlerweile die Place d'Italie angelegt wurde. Die Ballonhülle war bunt und von einem Tapetenhersteller gestiftet.

Mittlerweile kann man auf dem ehemaligen Gelände des Pariser Citroën-Werks täglich im Ballon auf- und absteigen. Der größte Heißluftballon der Welt kann 30 Erwachsene in 150 Meter Höhe befördern. Seine Hülle ist Hightech, wird nicht von Geld aus der Tapetenfabrikation gesponsert und lässt an ihrer Farbe die aktuelle Pariser Luftqualität erkennen. Dunkelgrün ist sehr gut, bei Dunkelrot kann das Tragen von Sauerstoffmasken nicht schaden. Die Lämpchen auf der »südlichen Hemisphäre« des Ballons zeigen unabhängig von der Farbe der Hülle die Luftqualität auf den Straßen an.

Drum herum bietet der Parc André Citroën eine grandiose, futuristische Gartenschau mit elf Hektar Rasen, Wiesen der Sorte »Betreten ausdrücklich erwünscht!« und viel Wasser. Weiter öffnen sich dem Besucher unter anderem ein roter, ein blauer, ein weißer und ein schwarzer Garten, ein Garten der Sinne, ein Garten für jeden Wochentag und zwei Gewächshäuser, für die diese schnöde Benennung rundweg eine Beleidigung ist.

Adresse 226, Rue Saint-Charles | **Metro** 8, Station Balard | **Öffnungszeiten** Mo–Fr 8–21.30 Uhr, Sa, So 9–21.30 (in den Wintermonaten bis 17.30 Uhr), Ballonfahrten ab 9 Uhr bis 30 Minuten vor Parkschließung, wetterabhängig | **Tipp** Der Friedhof von Grenelle ist ein schöner Anachronismus in diesem hochmodernen Viertel.

76__Die Passage Brady (10. Arr.)

Sehr indisch

Von 1828 bis 1852 verband die Passage Brady die Rue du Faubourg Saint-Martin mit der Rue du Faubourg Saint-Denis. Dann trennte der Bau des Boulevard de Strasbourg die überdachte Westhälfte von ihrer Schwester im Osten. Im Passagenstück ohne Dach herrscht Ruhe – restaurierte Wohnhäuser an Kopfsteinpflaster, ein paar kleine Ateliers.

Gittertore schließen den Wohntrakt der Passage Brady ab, der aber zwischen 8 und 18 Uhr als öffentlicher Durchgang benutzt und mit seitlich am Tor angebrachten Summern geöffnet werden darf. Der geschäftige westliche Teil der Passage riecht und sieht aus, als führe er irgendwo durch Kalkutta und direkt in einen Basar. Tut er auch, denn er mündet in die Rue du Faubourg Saint-Denis, die einem Basar so nahkommt, wie eine Straße in der Region Île de France das eben kann.

Die Passage Brady steht bereits einige Jahre unter Denkmalschutz, aber das bedeutet in Paris lediglich, dass die entsprechende Behörde von der Existenz des schützenswerten Gebäudes weiß. Über den verkommenen Zustand der Ladenstraße täuschen exotische Düfte und Farben nicht hinweg. Manche von ihnen sind dazu genauso wenig indisch wie die Herren vor den Restaurants, die die Passanten unindisch-energisch an ihre Tische komplimentieren, vielleicht figurieren daher alle diese Tandoori-Tempel in Pariser Gastro-Führern unter der Rubrik »indo-pakistanais«. Früchte und Gewürze vor den Lebensmittelgeschäften und folkloristisch improvisierte Friseursalons lenken von den Löchern im alten Glasdach ab. Der Boden zeigt noch einige von den ursprünglichen bunten Fliesen, auch wenn deren weitaus größter Teil unter Asphaltflicken verschwunden ist. Nach einem Brand 2007 kündigte der Pariser Bürgermeister schnellstmögliche Sanierungsmaßnahmen an, legte jedoch den Zeitraum von »schnellstmöglich« nicht fest. Die Passage Brady kann warten.

Adresse 43, Rue du Faubourg Saint-Martin | **Metro** 4, 9, 8 Station Strasbourg – Saint-Denis | **Tipp** Bei Nummer 63 der Rue du Faubourg Saint-Denis zweigt die Cour des Petites-Écuries ab. Hier verbirgt sich erfolglos die Brasserie Flo, eine Pariser Institution. Dunkles, poliertes Holz, Messing und Butzenscheiben. Das rustikale Ambiente täuscht – die Karte reicht von Hausmannskost bis Auster.

77 Die Passage de la Trinité
(3. Arr.)
Wunder erst nach Sonnenuntergang

Die Passage de la Trinité ist eine der finstersten in Paris. Selten verirrt sich die Sonne hierhin, noch seltener ein Ortsunkundiger. Sie ist erst knapp 200 Jahre alt, trotzdem erinnert ihre düstere Atmosphäre an eine »cour des miracles«, einen Hof der Wunder, von denen man in den Vierteln um die Rue Saint-Denis bis in die Mitte des 17. Jahrhunderts einige fand. Wenn sie gefunden werden wollten. In Wahrheit waren diese Höfe dunkle, verdreckte und gefährliche Ghettos, in denen Menschen unterkamen, die überall etwas Besseres als den Tod finden konnten. Hierhin verschlug es Arme vom Land und aus kleineren Städten, die in die Hauptstadt gekommen waren, um nicht zu verhungern. Arbeit und ein Dach über dem Kopf fanden sie nur selten. So legten sie sich Gebrechen zu, um wirksamer betteln zu können. Schlichen sie in ihre dunklen Gassen zurück, schwanden alle Blessuren mit dem Tageslicht, sie konnten wieder sehen oder laufen, fehlende Gliedmaßen stellten sich ein – wie durch ein Wunder! Der Hofstaat aus Dieben und Bettlern wählte sich sogar einen König. Zur Regierungszeit des Kollegen Ludwig XIV. nahmen die Wunderhöfe überhand. Es musste etwas geschehen. 1656 erging der Befehl, die Lumpenkönige samt Gefolge einzufangen und wegzuschließen. Der Polizeileutnant Gabriel Nicolas de La Reynie griff durch: Ganze Hüttenviertel wurden dem Erdboden gleichgemacht. 60.000 mutmaßliche Höflinge wurden gebrandmarkt und auf die Galeeren geschickt.

Als de la Reynie per Anschlag die Reinigungsaktion für beendet und die Wunderhöfe für abgeschafft erklärte, befanden erleichterte Anwohner, dies wäre eine gute, gute Neuigkeit und änderten den Namen des angrenzenden Boulevards in »de Bonne Nouvelle«, um sich stets in großer Dankbarkeit an de la Reynie zu erinnern. (Was immerhin eine schöne Geschichte ist, denn der Boulevard wurde nach der Kirche Notre-Dame-de-Bonne-Nouvelle benannt.)

Adresse 194, Rue Saint-Denis | **Metro** 3, Station Réaumur-Sébastopol | **Tipp** Die Passage Basfour, direkt nebenan, bestand 1714 nur aus einem Haus: der heutigen Nummer 4.

78 Die Passage des Panoramas
(2. Arr.)
Fernreisen im Kopf

Über dem Eingang der Galérie Montmartre am Haus mit der Nummer 151, Rue Montmartre, ist es in Stein gemeißelt: »Passage des Panoramas«. In diese Passage münden auch die Galérie Feydeau, des Variétés und Saint-Marc und bieten dem Fußgänger bei Regen eine überdachte Promenade zwischen der Rue Montmartre, Saint- Marc und Vivienne und dem Boulevard Montmartre. Die Galérie des Variétés heißt nach dem Theater am Boulevard Montmartre und hütet dessen Künstlereingang. Tagsüber hell, nachts eher schummrig, bezeichnete sie bereits Émile Zola als »coin louche«, dunkle Ecke, und holte hier das eine oder andere Mal nach Vorstellungsende das jeweilige Frollein ab.

Die Passage des Panoramas ist ein edles Relikt, die Mutter aller Passagen. Sie wurde 1800 eröffnet und verdankt ihren Namen zwei gewaltigen Holzrotunden, die den Eingang am Boulevard Montmartre wie zwei übergroße Wasserbottiche flankierten und auf deren Innenwänden von fast 100 Metern Breite und 20 Metern Höhe sich Kunstmaler austoben durften. Das Panorama-Malen war zur damaligen Zeit ein angesehener Beruf, dem auch Fotografenpionier Daguerre von Zeit zu Zeit nachging. Die Panoramen wurden auf den Wänden der Passage fortgesetzt, wo Oberlichter für vollkommene Beleuchtung sorgten und die Illusion perfekt machten. Die Besucher waren begeistert und reisten, wohin der Maler sie schickte, ohne Paris auch nur eine Sekunde zu verlassen. Man sah Jerusalem oder Athen oder Schlachtenansichten wie zum Beispiel Tilsit oder Austerlitz.

Fünf Jahre nach Abbau der Rotunden öffnete »Graveur Stern« 1836 in der Passage ein Geschäft für feine Papierwaren. Es existiert heute noch an derselben Stelle. Von den Panoramen erwiesen sich nur wenige als so langlebig – weltweit gibt es nur noch 25. Eines hängt in Belgien und zeigt eine berühmte Schlacht, in der Wellington und Blücher mit ihren Heeren Napoleon besiegten.

Adresse 11, Boulevard Montmartre | **Metro** 8, 9, Station Grands Boulevards | **Tipp** Es geht überdacht weiter durch die Passage Jouffroy und die Passage Verdeau bis zur Rue du Faubourg-Montmartre.

79__Die Passage du Caire (2. Arr.)
Napoleon passiert Ägypten

Die Passage du Caire aus dem Jahr 1798 ist die längste überdachte Passage von Paris. Vier Portale führen in die verwinkelt angelegten Gänge. Tageslicht fällt nur von oben ein, und so verlieren Besucher, die mit diesem Labyrinth en miniature nicht vertraut sind, leicht die Orientierung. Ihren Namen verdankt sie Napoleons Sieg bei Kairo, der in Paris ein wahres Ägypten-Fieber lostrat. Napoleons Nahostausflug gab auch einigen umliegenden Straßen ihre Namen – der Rue du Nil, der Rue d'Aboukir und der Rue d'Alexandrie. Der ägyptische Fassadenschmuck über dem Eingang an der Rue du Caire ist geblieben, doch nach Betreten erweist sich bald, dass die große Zeit der Passage vorbei ist. Passagenflaneure sieht man schon lange nicht mehr. Jetzt wird mit Kleidung und Chichi en gros gehandelt, mit Schaufensterpuppen und Drahtbügeln.

Hier der viel zitierte Ägyptenfeldzug in Kurzform: Im Juli 1798 besetzte Napoleon Ägypten. Auftritt Lord Nelson, der die französische Flotte bei Aboukir komplett auf den Meeresgrund schickte. Hinzu kam, dass Frankreichs Außenminister vergessen hatte, die Türken zu informieren. Also verbündete sich die Türkei mit England und erklärte Frankreich ebenfalls den Krieg. Als sich das Blatt in der ägyptischen Wüste gegen Napoleon wendete, übergab er an General Kléber und machte sich bildgerecht aus dem Staub, angeblich, um zu Hause nach dem Rechten zu sehen. Kléber war kampfmüde, aber die Engländer boten freien Abzug nur gegen Kapitulation. Widerwillig nahm der General den Krieg wieder auf, siegte, besetzte Kairo, wurde ermordet, sein Nachfolger Menou geschlagen und zur Kapitulation gezwungen. Das französische Heer musste Ägypten im Laufschritt verlassen. So viel zu Napoleons glorreichem Ägyptenfeldzug.

Am Ende war doch nicht alles vergebens, führt man in Frankreich gern aus, denn die französische Armee fand im Verlauf der Wüstenwanderung den Stein von Rosette, der die Entzifferung der altägyptischen Hieroglyphen ermöglichte.

Adresse Place du Caire | **Metro** 4, Station Réaumur Sébastopol | **Öffnungszeiten** Mo–Fr 7–18.30 Uhr | **Tipp** Am Ende der angrenzenden Rue Dussoups wartet die teuer restaurierte Passage du Grand Cerf.

80__ Die Passage Sainte-Foy
(2. Arr.)
Alte Gasse, altes Gewerbe

Die Rue Saint-Denis ist fast 2.000 Jahre alt, eine Hauptverkehrsader seit Römerzeiten. Die ersten paar Hundert Meter, zwischen Châtelet und Rue Réaumur, sind Souvenirmeile, danach zeigt sie sich ungeschminkt: laut und voll, knapp besenrein, merkwürdige Gestalten, Hütchenspieler. Nur in diesem Milieu konnte sich die Passage Sainte-Foy erhalten. Eine Art Haustür, oft bewacht von Damen, die auf Kunden warten. Das älteste Gewerbe der Welt blickt an dieser Stelle auf eine 800-jährige Tradition zurück. Niemand hier schert sich darum, ob es gerade erlaubt oder verboten ist. Die Tür führt in eine dunkle Etappe der öffentlichen Pariser Fußgängerwege, eine der ältesten Passagen der Stadt: kaum zwei Meter breit und düster. Hier rattern in jedem der schmalen Anliegerläden mehrere Nähmaschinen und erinnern daran, dass auch dieser Trampelpfad zum Sentier gehört, einem der letzten innerstädtischen Textilfertigungszentren in Europa!

Die ersten Meter verlaufen ebenerdig, dann geht es ein paar Stufen empor auf den letzten Rest des über 600 Jahre alten Festungshügels Karls V. Die Rue de Clergy und Rue d'Aboukir wurden auf dieser Stadtbefestigung von 1358 erbaut und folgen ihr parallel und schnurgerade bis zur Porte Saint-Denis. Bei der Erschließung des Viertels war nur ein Teil des Walls abgetragen worden, im Graben davor konnten die Häuser ohne Aushub direkt aufgemauert werden. Die Keller befinden sich auf einer Höhe mit der unteren Ebene der Passage Sainte-Foy.

Am oberen Ende der Stufen folgt ein Hof im Taschenformat, Regenrinnen, Wäscheleinen, darüber ein bepflanzter Balkon. Der Zauber des romantischen Ensembles setzt kurz aus, wenn sich eine der erwähnten Damen in Begleitung die Treppen hinaufschwingt, um an ihre Schaffensstätte zu gelangen. Noch ein paar Schritte, und die Passage teilt sich in zwei enge Hausflure. Beide führen auf die Rue Sainte-Foy.

Adresse 263, Rue Saint-Denis | **Metro** 4, 8, 9, Station Strasbourg-Saint-Denis | **Tipp** Die Passage du Ponceau und die Passage Lemoine sind nicht restauriert, aber typisch für dieses Viertel. Nur in diesem Pariser Viertel findet man so viele alte Häuserdurchgänge. Sie sind öffentlich und von 8 bis 18 Uhr geöffnet. Die Türöffner befinden sich neben den Eingangs-toren.

81 Der Pavillon Baltard
(Nogent-sur-Marne)
Souvenir des Halles

Ein Teil der ersten »alten« Hallen, die Baltards Projekt weichen mussten, stammte aus dem 12. Jahrhundert. Daran konnte Haussmann nichts ändern, sie standen seiner Stadterneuerung im Weg, sie mussten weg. Sollte Stadtarchitekt Baltard ein paar neue bauen. Baltard baute neue. 1870 waren seine zehn »pavillons« fertig, vier quadratische, große und sechs längliche, kleinere. Sie wurden 1969 von Monsieur le Président de la République Georges Pompidou zum Tod durch die Abrissbirne verurteilt, denn sie standen den Plänen des Sonnenpräsidenten zur erneuten Stadterneuerung im Weg. Das Urteil wurde größtenteils im August 1972 vollstreckt, da urlaubende Pariser in ihrer Heimatstadt nicht auf die Barrikaden gehen können. Gegen diese auf präsidiale Anordnung durchgeführte Rodung waren Haussmanns Abrissarbeiten in diesem Viertel ein Klacks.

Zwei Hallen wurden gerettet. Eins dieser bedeutenden Relikte der Pariser Stadtgeschichte landete in Yokohama. Dort steht das Skelett der alten Baltard-Halle versteckt in einem Park auf dem Gelände des ehemaligen französischen Konsulats. Gut gemeint. In Nogent-sur-Marne ist die Rettungsaktion besser gelungen: Dort wurde, nur sechs RER-Stationen entfernt von ihrem Platz vor Saint-Eustache, die echte alte Eier-und-Geflügel-Halle (Pavillon Nummer 8) nach der Ausmusterung wieder aufgebaut und genießt von ihrem Platz einen herrlichen Blick über das Marne-Tal. Der Pavillon Baltard wird bewacht von alten Bekannten, den Originalgittern aus der Zeit im Stadtzentrum. Das gesamte Ensemble wurde 1982 unter Denkmalschutz gestellt. Lärm und Gedränge können der alten Halle nach 100 Jahren Markt wahrscheinlich nichts mehr anhaben, darum ist es ihr gleichgültig, dass man sie jetzt für Rock und Pop, Preisverleihungen, Modenschauen, Messen, Fernsehshows und ähnliche Veranstaltungen mieten kann.

Adresse 12, Avenue Victor Hugo, Nogent-sur-Marne | **Metro** RER D2, Richtung Boissy-Saint-Léger | **Tipp** Der östliche Teil des Bois de Vincennes ist der vier Hektar große Jardin tropical de Paris aus dem Jahr 1907 und bietet einen Eingang in Nogent-sur-Marne.

82 Die Place de Séoul (14. Arr.)

Italienischer Barock in neuer Interpretation

Die Place de Séoul liegt hinter dem Bahnhof von Montparnasse. Aus der Vogelperspektive könnte der Platz glatt als Fußballarena durchgehen. Es ist jedoch der Spiegelsaal von Paris – ein komplett verspiegelter Innenhof rund um einen Rosengarten. Die von Säulen unterteilten Gebäude sind eine reine Wohnanlage, wirken aber wie ein Bürokomplex. Autos gibt es hier nicht, dafür geht es auf der angrenzenden Place de Catalogne mehrspurig zu. Auch dieser Platz kreisrund, mit einem eleganten Brunnen in der Mitte. Die Place de l'Amphithéâtre vervollständigt das dreiteilige Ensemble. Das Gesamtkunstwerk hört auf den Namen »Maßstab des Barocks« (»Les échelles du Baroque«), wurde vom katalanischen Architekten Ricardo Bofill entworfen und 1985 eingeweiht. Bofill ist eine Art postmoderner Vermittler zwischen üppigen Barockbauten und Mietern mit schmalen Portemonnaies. Die Außenfassaden der Anlagen wirken groß und herrschaftlich, inspiriert von Spätrenaissance und Barock, dabei geht ihr Innenleben nicht selten Richtung Schuhkarton. Er habe »ein Versailles der kleinen Leute« geschaffen, wirft man Bofill gern vor. Er nimmt es als Kompliment.

Tatsächlich sind die Wohnungen an der Place de l'Amphithéâtre Sozialwohnungen. Die Einheiten an der Place de Séoul dagegen konnte jedermann erwerben. Jede Wohnung ist durchgehend. Zur Place de la Catalogne wirken sie bieder und alltäglich und verbergen gekonnt ihre erstaunlichen Innenhöfe.

Die Bofill-Gebäude bilden das Herzstück des in den 1980er Jahren neu gestalteten Stadtteils hinter der Gare Montparnasse. Hinter ihnen beginnt der erhaltene Teil des Quartier de Plaisance. In den Bistros an den engen Straßen wird hauptsächlich französische Küche serviert, selbstverständlich in charmanter Mischung mit Restaurants, die unterschiedliche internationale Spezialitäten anbieten. Die moderaten Preise sind allen gemeinsam in diesem überschaubaren Viertel.

Adresse Rue Vercingétorix | **Metro** 13, Station Gaîté | **Tipp** Auf dem Dach der Gare Montparnasse blüht ein Garten aus Wasser, der »Jardin Atlantique«. Täglich geöffnet: 8–21.30 Uhr, Okt–März 9–17.30 Uhr.

83 Die Place des Vosges (4. Arr.)

»La symétrie ou la mort!«

Die Place des Vosges, einer der drei erhaltenen Königsplätze von Paris, ist quadratisch und von gleichförmigen Fassaden eingerahmt. Das nennen die einen atemberaubend einheitlich und beeindruckend streng, andere finden es langweilig-geometrisch. Zur Auflockerung der Einheitsarchitektur ragen zwei Pavillons höher auf als ihre Klone: der Pavillon du Roi, des Königs, und – ein bisschen niedriger, klar – der Pavillon de la Reine, heute ein Hotel. An Schönwetterwochenenden, wenn die Rue des Francs-Bourgeois für Autos gesperrt ist, treffen sich die Anwohnerfamilien auf den Rasenflächen zum Tratschen, Dösen, Spielen, und das Plätschern der Brunnen geht in dem Getöse fast unter. Im Winter, wenn keinerlei Blattwerk die Sicht auf die Gebäude versperrt, bietet sich der beste Blick auf die Symmetrie des Gevierts im »style Henri IV.«, Sandstein, Backstein, Sandstein. Der »bon roi Henri« ließ den Platz anlegen, konnte indessen wegen vorheriger Meuchelung den Eröffnungsfeierlichkeiten nicht beiwohnen.

In Nummer 22 lebte Georges Simenon, geistiger Vater des Kommissar Maigret. Er mietete zunächst die Parterrewohnung im Hof und später, als die Verkaufszahlen stiegen, die Wohnung im zweiten Stock dazu. Die Place des Vosges dient vielen Szenen der Maigret-Krimis als Kulisse. Simenon hatte es nicht weit ins Restaurant auf der Ecke, »Ma bourgogne«, das schon immer hier lag und schon immer so hieß. Er ließ auch Maigret hier mal ein Bierchen trinken. In einem der Romane spielt es sogar eine wichtige Rolle.

Nummer 6, Place des Vosges – das Victor-Hugo-Museum. 16 Jahre hat er hier gelebt, der Retter von Notre-Dame, der 1830, kurz vor Abriss, sein Können und seine Berühmtheit in die Waagschale warf und mit dem »Glöckner« so viel Aufmerksamkeit auf die Kathedrale lenkte, dass die Stadtväter zähneknirschend renovieren lassen mussten. Das Museum besteht seit 1902 und wirkt etwas verstaubt.

Adresse Rue des Francs-Bourgeois | **Metro** 1, Station Saint-Paul | **Tipp** An der südwestlichen Ecke des Platzes führt eine kleine Tür zu den Gärten des Hôtel de Sully, Sitz der »Caisse nationale des Monuments historiques et des Sites«, oft Ausstellungsort von Bildern renommierter Fotografen. Täglich Spatzenkonzert.

84 Die Promenade Plantée
(12. Arr.)
Bitte auf den Gleisen laufen!

An der Stelle der schimmernden Fassade der Opéra Bastille stand bis 1986 die Gare de Vincennes, die dazugehörige Eisenbahnlinie führte, zunächst über eine Hochtrasse, in den Pariser Osten. Nachdem 1969 die letzte Dampflok den Bahnhof verlassen hatte, wurden die Gebäude bis 1984 für Ausstellungen genutzt, aber das Viertel und die Gleisanlagen verkamen. Als François Mitterrand im Zuge seiner »grands projets« den Entwurf einer »opéra moderne et populaire« ausschreiben ließ, wich der Bahnhof dem Bau der neuen Oper. 1989 wurde eröffnet, das Viertel erholte sich und hat sich seither zum Szenetreff gemausert.

Die Hochtrasse der Eisenbahn wurde zum Garten, zur »Promenade Plantée«. Sie beginnt hinter der Oper und führt zunächst anderthalb Kilometer über die Bögen des früheren Schienenwegs, nur für Fußgänger. Dann geht's runter auf Straßenniveau, ab dort dürfen sich Fahrradfahrer dazugesellen. Tunnel, Brücken, Blumen, Gräser, Wasser, Rasen – die Promenade Plantée ist der schönste Weg aus der Stadt zum Schloss von Vincennes, an Sonntagen bei schönem Wetter deshalb sehr gut besucht. Die Bögen des Viaduc des Arts an der Avenue Daumesnil wurden für Geschäfte und Handwerk geöffnet, mittlerweile haben sich über 50 verschiedene Metiers, darunter Goldschmiede und Instrumentenmacher, Restaurateure, Porzellanmaler, Drucker, Hutmacher und Parfümeure zusammengefunden.

Der Weg zum Viaduc des Arts führt am Hôpital des Quinze-Vingts vorbei. Als Ludwig der Heilige die Institution gründete, wollte er, dass jeder wusste, für wie viele Menschen das Krankenhaus gedacht war. Doch auch in jenen fernen Zeiten konnte lange nicht jeder kopfrechnen. Man bemühte Hände und Zehen, also 20. 300 Betten standen zur Verfügung, also 15 – quinze – mal 20 – vingt. Es wurde für 300 Kreuzritter errichtet, die angeblich von den Sarazenen geblendet worden waren, und blieb durch die Jahrhunderte bis heute auf Augenheilkunde spezialisiert.

Adresse 1, Avenue Daumesnil | **Metro** 1, 5, 8, Station Bastille | **Tipp** Typisch für diesen seit jeher geschäftigen Pariser Vorort ist die Cour de l'Étoile d'Or, einer von vielen Handwerkerhöfen an der Rue du Faubourg Saint-Antoine.

85 Die Rattenkugel (1. Arr.)

Seltener Hokuspokus

Direkt gegenüber den Louvre-Kolonnaden liegt die Kirche Saint-Germain l'Auxerrois. Im linken Innenhof, unter dem mittleren Wasserspeier befindet sich eine große Rarität: eine Rattenkugel. Im Mittelalter erfreuten sich diese Rattendarstellungen an und in Kirchen eine Zeit lang größter Beliebtheit, mittlerweile gibt es in Frankreich nur noch wenige – eine davon im nahen Meulan en Yvelines, eine in Carpentras und eine in Le Mans. An diesen Orten befinden sich die steinernen Ratten mitsamt ihren Kugeln allesamt an der Außenfassade. In Champeau en Brie findet man eine hölzerne Rattenkugel in einer Sitzstütze des Chorgestühls. Fast überall sonst sind sie mit der Zeit verschwunden, und ihre genaue Bedeutung ist heute kaum noch nachzuvollziehen. Manche vermuten hinter den Ratten ein Sinnbild für die Pest. Allerdings stellte man den Zusammenhang zwischen den Nagern und der Übertragung der Krankheit erst im 18. Jahrhundert fest und nicht im Mittelalter, als die Rattenkugeln entstanden.

Über den Ratten in Saint-Germain l'Auxerrois kauert eine Katze. Ein früherer Gemeindepfarrer kommentiert: »Die Rattenkugel kann als Symbol für die Welt verstanden werden, die immer wieder in die Hände des Bösen fällt, obwohl sie durch Christi Kreuz gerettet wurde. Das Böse ist durch fünf fette Ratten mit langem Schwanz dargestellt. Sie haben das Innere der Kugel durch Sünde ausgehöhlt und fliehen durch die selbst gefressenen Löcher. Eine Katze als Verkörperung des Teufels sitzt zum Sprung bereit auf der Kugel, um sich auf die Ratten zu stürzen.«

Heiteres Kontrastprogramm im Mittelportal, wo die Stadtheilige von Paris, Genoveva, mit einer langen, brennenden Kerze in der Hand dargestellt ist. Über ihre Schulter blickt ein Teufel und versucht, die Kerze auszublasen, aber der fröhliche Engel gegenüber lässt keinen Zweifel daran, dass er Genoveva nicht eine Sekunde im Dunkeln stehen lassen wird.

Adresse 2, Place du Louvre | **Metro** 1, Station Louvre-Rivoli | **Tipp** Die kleinen Straßen zwischen Saint-Germain l'Auxerrois und dem Châtelet lohnen eine **Stipp**visite.

86__Die Résidence Gainsbourg
(7. Arr.)
Enfant terrible der Pariser Gartenmauern

Bereits zu Lebzeiten des inzwischen verstorbenen Eigentümers war diese Hauswand in die Rolle des Bürgerschrecks der Pariser Eigenheime geschlüpft. Als der umstrittene Bohemien Serge Gainsbourg seine Gartenmauer zum Bemalen, Besprühen, Austoben freigab, war vor allem die bourgeoise Nachbarschaft entsetzt. Inzwischen ist man stolz auf das, was man dazumal als Schandmal betrachtete. Täglich finden sich Gainsbourg-Pilger aus der ganzen Welt hier ein. Gainsbourgs Tochter Charlotte zahlt für die Instandhaltung von Haus und Wand, hat seit dem Tod des Vaters alles unverändert gelassen und wohnt ganz in der Nähe. In den ersten Jahren war es die Wand, die die handelnden Sprayer in den Künstlerstand erhob. Mittlerweile ist es umgekehrt: Die Künstler haben die Gartenmauer zur Galerie gemacht. Viele der Graffiti sind mit »pochoir« aufgetragen. Ein Verfahren, bei dem eine Schablone an der Wand befestigt und dann besprüht wird. Nicht, damit man schnell arbeiten und noch schneller abhauen kann, sondern um das Graffito so sauber wie möglich aufzutragen.

Andere Pariser Hauswände bieten einer kleinen Schar außerirdischer Besucher eine Heimstatt. Die »Space Invaders« sind nach einem Computerspiel benannt. Sie sehen aus wie eine Kreuzung von E.T. mit einem Lego-Männchen und keinesfalls so, als ob sie die Übernahme des Planeten planten. Manche sind komplett aus Rubriks Zauberwürfeln gefertigt, andere aus Mosaiksteinen oder Fliesen. Wenn die Stadt einem von ihnen zu Leibe rückt, wird schon am nächsten Tag an einer anderen Stelle ein neuer geboren. Die tun gar nichts, die wollen noch nicht mal spielen, und man findet sie überall – in Katmandu, in New York, Mombasa, Bangkok und auf ihrer eigenen Homepage »space-invaders.com« sogar mit genauer Angabe auf dem entsprechenden Stadtplan. Sie wohnen in circa vier Meter Höhe. In Paris haben sich die meisten rund um den Louvre angesiedelt.

Adresse 5bis, Rue de Verneuil | **Metro** 4, Station Saint-Germain-des-Prés | **Tipp** King Karl Lagerfeld hat's nicht nur mit Mode, sondern auch mit Büchern. In der Rue de Lille Nummer 7 liegt sein durchgestylter Buchladen.

87 Romy Schneiders erste Pariser Adresse (6. Arr.)

Von Franz zu Alain

Im September 1958 standen Kaiserin Sissi und ein fescher Franzosenprinz namens Alain gemeinsam in Wien vor der Kamera. Majestät verliebte sich in den Prinzen, die Kaiserinmutter und ihr Kölner Gemahl waren not amused und froh, als sich der Prinz nach Abschluss der Dreharbeiten nach Paris empfahl.

Da stürzte sich die österreichische Kaiserin eigenhändig vom Thron. Sie verließ Mutter und Stiefvater, den deutschen Sprachraum und flog ebenfalls nach Paris, wo ihr Prinz auf sie wartete. Vielleicht hat er auch nicht auf sie gewartet, auf jeden Fall holte er sie ab und nahm sie bei sich auf. Endlich frei von Sissi und Mammi! Romy Schneider und Alain Delon bemerkten erst viel später, dass sie noch nicht einmal dieselbe Sprache sprachen. Romy ging noch viel später erst auf, dass ihre steile Karriere einen selbst gemachten Knick bekam. Aber nichts spielte eine Rolle, solange sie zusammen waren in der kleinen Wohnung am Quai Malaquais Nummer 3, dritter Stock links, Toilette auf dem Gang. Zwei Jahre lebten sie hier. Von hier aus fuhren sie ins Tessin, um Mutter Magda und Stiefvater Blatzheim via Verlobung zu beruhigen. Hier trug Alain Delon sie eigenhändig die Treppen hinauf, als sie bei Theaterproben zusammenbrach. Eine Blinddarmentzündung, die Premiere wurde verschoben.

Das Traumpaar zog vom Pont des Arts an den Parc Monceau in das feine Stadthaus an der Avenue de Messine Nummer 22, in dem auch die Büros von Alains Produktionsfirma untergebracht waren. Im Sommer 1963 die Trennung. Romy Schneider kam aus den Staaten zurück und fand einen Strauß roter Rosen und einen Zettel: »Bin mit Nathalie in Mexiko.« Als sie einander 1968 bei den Dreharbeiten zum Film »Der Swimmingpool« zum ersten Mal wieder trafen, waren die Narben an Romys Handgelenken verheilt. Auf ihre frühere Beziehung angesprochen, antwortete sie: »Nichts ist so kalt wie eine tote Liebe.«

Adresse 3, Quai Malaquais (3. Stock, linke Seite) | **Metro** 4, Station Pont Neuf | **Tipp** Das Sterbehaus der großen Romy Schneider ist ein nichtssagendes Gebäude mit Flachdach, Nummer 11, Rue Barbet de Jouy, Metro 13, Varenne.

88 Die Rue des Colonnes (2. Arr.)

Architektur der Revolution

71 Meter zwischen der Rue du Quatre-Septembre und der Rue Feydeau bilden einen Straßenzug, der von der Revolution in Auftrag gegeben und erbaut wurde. 36 Säulen tragen die verbliebenen Arkaden. Da zur Bauzeit die Antike und alles Italienische in Mode waren, suchte der Architekt Inspiration bei den Tempeln in Paestum. Seine Säulen für die Rue des Colonnes gerieten daher dick und dorisch, einheitlich von Palmetten bekrönt. Auch die Galerien dahinter wurden uniform gestaltet. An Nummer 5 hatte es ein Bäcker gewagt, die Monotonie zu durchbrechen, aber diese Unregelmäßigkeit wurde in den 1990er Jahren behoben. Der »Revolutionsstil« der Rue des Colonnes diente den Architekten der Rue de Rivoli als Vorbild, dazu hat sicher Rivoli-Auftraggeber und Ex-Revolutionär Napoleon angehalten.

Ursprünglich war die Straße eine Passage, 1791 erbaut. Wie sich das für eine Pariser Passage gehört, war sie überdacht und zwischen 23 und 5 Uhr durch Gitter verschlossen. Sie verband die Rue Feydeau mit der mittlerweile verschwundenen Rue des Filles Saint-Thomas. Eine Gruppe von Spekulanten kaufte das gesamte Gelände ein Jahr nach der Einweihung und beantragte, Gitter und Dach entfernen und die Passage zur Straße erheben zu dürfen. Die Unternehmer erboten sich, für den kompletten Unterhalt – Beleuchtung, Pflasterung, Reinigung – aufzukommen, und argumentierten, dass auch das nahe Théâtre Feydeau von einer Straße profitiere, da zusätzlicher Raum für Zu- und Abfahrt der Kutschen geschaffen würde. Gegenstimmen erhoben sich: Die Straße weise mit 30 Fuß nicht die erforderliche, amtliche Breite auf. Die Bauherren konterten, mit Galerien sei sie sogar 42 Fuß breit. Im Jahr 6 der Revolution wurde die Genehmigung erteilt.

Für den Bau der Rue de la Bourse im Jahr 1826 musste die Rue des Colonnes Federn lassen und wurde um ein bedeutendes Stück gekürzt. Im Jahr 1864 dann noch einmal, als man, beziehungsweise Haussmann, die Rue du Dix-Décembre aus dem Boden stampfte.

Metro 3, Station Bourse | Tipp Das »Le Vaudeville« in der Rue Vivienne Nummer 29 ist eine Brasserie aus dem Jahr 1926 im authentischen Art-déco-Stil. Leise ist es dort nicht. Auch nicht billig.

89 — Die Rue des Saules (18. Arr.)
Unmögliche Lage

Der Wein von Montmartre wird an einem Nordhang angebaut. Diese ungewöhnliche Ausrichtung gewährleistet, dass die Rebstöcke bestmöglich von der Sonne verschont bleiben. Das Ergebnis ist eine Herausforderung für den menschlichen Organismus, denn die Rebensaftgewinnung in dieser Lage ist frei von jedem önologischen Ehrgeiz – der Bürgerverein »Vieux Montmartre« will daran erinnern, dass bereits im Mittelalter Rebstöcke auf der Butte wuchsen. 1933 schenkte die Stadt Paris ihrem 18. Arrondissement eine Mischung von 2.000 Rebstöcken, die die klassische Vielfalt französischer Weinregionen repräsentiert.

Der Wein von Montmartre soll bereits in alter Zeit – trotz damaligen Verschnitts mit Südlage – für seine nierenanregende Surius-Qualität berühmt gewesen sein. Unter Weinkennern ist er berüchtigt, unter Weinsammlern begehrt, weil in den Kellern des Bürgermeisteramts Montmartre kaum jemals mehr als 800 Liter Wein gekeltert werden. Was nun den Genuss betrifft, wagt selbst der zuständige Winzer nur sehr verhaltenes Lob.

Aber darum geht es nicht, guten Wein gibt es in Frankreich genug. Es geht in erster Linie um das Weinfest, das am zweiten Oktoberwochenende seit über 70 Jahren mit Feuerwerk und Musette und allem Pipapo gefeiert wird. Das ist der wahre und gute Grund des Weinbergs. Das Erzeugnis heißt »Clos Montmartre«, eine Flasche kostet circa 40 Euro, und der Erlös kommt sozial schwachen Kindern zugute.

Ein wenig unterhalb des Weinbergs an der Rue des Saules liegt das berühmte »Lapin agile«, das Cabaret zum fidelen Hasen. Einstmals gehörte es einem gewissen Gilles. Als Gilles ein Schild für seine Kneipe bestellte, hätte er lauter sprechen müssen, denn der Schildermaler hatte ein Hörproblem: So wurde aus dem gewünschten »La pinte à Gilles«, Gilles' Kneipe, »Le Lapin à Gilles«, Gilles' Hase, aus dem sich der fidele Hase, »Lapin agile«, entwickelte.

Adresse Rue Lamarck | **Metro** 12, Station Lamarck-Caulaincourt (Aufzug!) | **Tipp** Jährlich bangen alle um die Schließung, aber bislang bleibt es geöffnet, das Musée du vieux Montmartre mit seinem romantischen Garten, das die Geschichte des Hügels und seiner Künstler erzählt – 12, Rue Cortot, geöffnet Di–So 11–18 Uhr, 1. Jan., 1. Mai, 25. Dez. geschlossen.

90__ Die Rue du Pélican (1. Arr.)

Oder wie das heißt

1254 wurde in Paris die Prostitution verboten. Die öffentlichen Häuser wurden geschlossen, doch die Dienstleistung verlagerte sich dadurch lediglich in die Keller. Zwei Jahre später trat daher eine mildere Verordnung in Kraft, die die beruflichen Aktivitäten der Damen reglementierte. Sie wurden vor die Stadtmauern verbannt. Dort gingen sie ihrer Arbeit in Bretterhütten, »bordes«, nach, was ihnen den Namen »bordelières« eintrug. Auch die Rue du Poil-au-Cul oder Poil-au-Con verdankt ihren Namen dem Milieu. »Poil-au-Cul« ist eine Umschreibung für Haarwuchs an einer schwer zugänglichen Körperstelle, »Poil-au-Con« bezieht sich noch drastischer auf einen Teil der weiblichen Anatomie.

Die Anwohner dieser Straße widmeten sich in erster Linie dem Fischhandel und wollten ihre ordinäre Adresse gegen einen neuen, seriösen Namen eintauschen. »Pélican« kam ihrer Auffassung von seriös scheinbar nah und hörte sich außerdem ähnlich an; so lagen ihre Geschäfte fortan in der »Rue du Pélican«. Ende des 15. Jahrhunderts streifte die Straße sogar ein Hauch der großen Geschichte in Gestalt des Advokaten Ferron, dessen Ehefrau die Mätresse Königs Franz I. gab. Der Gemahl trug die königlichen Hörner zunächst gelassen, bis es ihm zu bunt wurde. Er suchte die Mädchen in der Rue du Pélican so lange auf, bis er sicher war, sich mit Blattern infiziert zu haben, und gab die Krankheit über seine Frau an den König weiter, der daran starb.

Die Revolution witterte hinter »Pélican« unerwünscht Klerikales und änderte den Namen in »Rue Purgée«, geläuterte Straße. Allgemeines Glucksen bei den Ladys vom Straßenstrich, die unverdrossen in der Wie-auch-immer-Straße ihrer Arbeit nachgingen. 1800 noch ein Versuch: »Rue de la Barrière des Sergents«, nach dem benachbarten Polizeiposten in der Rue Saint-Honoré. Als sich niemand um Benennung und Umbenennung scherte, gab man der Straße 1802 offiziell ihren seriösen Namen zurück.

Metro 1, Station Palais Royal/Musée du Louvre | **Tipp** Das kleine Hôtel de Lille in der Rue du Pélican hat eine bewegte Vergangenheit hinter sich, vermietete bis 1946 im Stundentakt und ist mittlerweile eine günstige Innenstadt**adresse**, deren Charme kleine Makel wettmacht.

91 Die Rue Royale (1. Arr.)

Blumen, Bonbons, Vaterland

Es geht reichlich mondän zu zwischen der Place de la Concorde und der Madeleine. Da übersieht man glatt den unscheinbaren Aushängekasten mit dem explosiven Aushang auf dem rechten Pfeiler neben dem Eingang der Nummer 1, Rue Royale. »Mobilisation!« steht da zu lesen, denn hier hängt ein Faksimile der Allgemeinen Mobilmachung des Jahres 1914. Erst lange nach Ende des Krieges bemerkte man, dass der Aufruf zu den Waffen nicht abgenommen worden war, und die Stadt Paris beschloss, der Achtlosigkeit an dieser Stelle ein Denkmal zu setzen. Jedes Mal, wenn der Gilb das Papier unleserlich gemacht hat, wird der Aushang ersetzt.

Mobilmachung oder nicht, im Haus nebenan, bei Maxim's, wurde und wird im berühmten Jugendstil-Dekor weitergefeiert. Noch mehr Jugendstil und roten Samt gibt's in den oberen Stockwerken: Das »Musée Art Nouveau Collection 1900« trug Pierre Cardin zusammen – Nippes im Stil der Jahrhundertwende, einschließlich nachgebauter und original bestückter »chambres d'amour« zum Ruhm der Belle-Époque-Kurtisanen.

Die gegenüberliegende Ecke Rue Royale/Concorde gehört zum Marine-Ministerium und war früher königlicher Abstellraum. Das in die Hauswand gemeißelte »Garde-meubles« ist noch zu lesen.

Ein paar Häuser weiter blicken aus einem schwelgerisch-floralen Schaufenster die Kreationen von Lachaume – kein Blumengeschäft, sondern die Residenz eines »Maître Fleuriste« aus Zeiten der Belle-Époque, der führende Blumenladen des hochpreisigen Pariser Zentrums. Bei Lachaume holte Marcel Proust sich täglich seine obligatorische Cattleya fürs Knopfloch ab. Die Verkaufsfläche ist klein, obwohl man sich beim Blick durchs Schaufenster vor Geschäftsräumen mit unendlicher Tiefe wähnt. Das Geheimnis sind äußerst geschickt angeordnete Spiegel, zum Beispiel an der Wand links vom Eingang. Das Brunnenbecken ist nur ein »Viertele«, das erst die Spiegelung zum »Halben« macht.

MOBILISATION
GENERALE

Le maire du 8ᵉ arrdt. porte à la connaissance de ses administrés que la mobilisation générale est déclarée.

Le premier jour de la mobilisation est fixé au dimanche 2 Août (de minuit à minuit).

Le Maire du 8ᵉ arrondissement

Dr PH. MARECHAL

Metro 1, Station Concorde | **Tipp** Beim Rundgang um die Kirche trifft man auf Delikatessengeschäfte und einen kleinen Blumenmarkt. Am Kiosque Théâtre, geöffnet Di–Sa 12.30–20 Uhr, So 12.30–16 Uhr, werden Eintrittskarten für den Abend zum halben Preis angeboten.

92 Die russischen Isbas (16. Arr.)

Aufgegebene Post

Im 16. Arrondissement findet man auf einer Lichtung zwischen glatten weißen Apartmenthäusern vier kleine Datschen aus Holz. Sie wirken asynchron, völlig fehl am Platz, die beschaulichen Chalets in der Villa Beauséjour, mit den feinen Schnitzarbeiten, den frei liegenden Balken und den hölzernen Wänden.

In diesen Hütten war das Postamt der Pariser Weltausstellung des Jahres 1867 untergebracht, die in einer riesigen Halle mit angrenzendem Außengelände auf dem Champ de Mars stattfand. Zum ersten Mal sollte nicht der Wettbewerb der Nationen im Vordergrund der Ausstellung stehen, sondern Präsentation und Miteinander. Das Leitmotiv wurde umgesetzt, indem die Ausstellerflächen ringförmig aneinandergrenzten und unter einem Dach lagen. Zwar besetzte Frankreich mehr als die Hälfte des Hallenbodens und ausgerechnet der französische Kaiser gewann den ersten Preis im Wettbewerb um den gelungensten Entwurf eines Arbeiterhauses, aber an und für sich war es gelungen, den Wettbewerbsgedanken früherer Ausstellungen zu verbannen. Im Ausstellungspark durften die Nationen ihre Gebäude errichten, ohne sich an Auflagen halten zu müssen. Exotische Tiere und Pflanzen, Themenpavillons und gedankenlos zur Schau gestellte Menschen aus fernen Ländern zogen das Publikum an. Lesseps erklärte anhand eines Modells seinen Suezkanal. Eiffel übte für Höheres und baute die Maschinenhalle – der Turm kam erst zur Expo 1889. Eine Heurigenstube aus Österreich, ein Pub, ein arabisches Café wie aus einem Souk, ein nachgebauter Manchu-Palast aus China, die Kopie eines Tempels aus Pompeji – und aus Russland vier Bauernhäuser aus Holz, sogenannte Isbas.

Nach dem Ende der Weltausstellung wurden viele Gebäude der Außenanlagen abgerissen, ebenso die riesige Halle. Die vier Isbas wurden Stück für Stück ab- und an der Villa Beauséjour wieder aufgebaut. Sie werden von einer Handvoll Glücklicher bewohnt, die sich leidenschaftlich über die Altersgebrechen ihrer Häuser beschweren.

Adresse Villa Beauséjour | **Metro** 9, Station La Muette | **Tipp** Der »Jardin du Ranelagh« wurde auf früheren Gleisanlagen angelegt und ist besonders bei Kindern beliebt wegen einiger kleiner Esel, auf denen man reiten kann. Im Gebäude des ehemaligen Bahnhofs befindet sich ein Restaurant mit Außengastronomie.

93 Sainte-Chapelle (1. Arr.)
Uns bleibt das Staunen

In stumpfem Grau weist hinter den Gebäuden des Justizpalastes der Dachreiter der Sainte-Chapelle in den Himmel. Im Inneren jedoch funkelt sie bei Sonnenschein in rot, blau und gold. Und genauso hatte es ihr Erbauer geplant.

Die Geschichte begann im späten Mittelalter in Konstantinopel. Dort herrschte Balduin II., der letzte lateinische Kaiser, mehr schlecht als recht. Er war pleite. Ihm blieb nur noch die Stadt. Seinen einzigen Sohn hatte er Geldverleihern als Pfand gegeben, selbst die Dornenkrone Christi hatte er verpfändet. Von diesem unwürdigen Los wurde zumindest die Reliquie gerettet, denn Ludwig IX. von Frankreich löste sie aus, ließ sie nach Villeneuve-Archevêque bringen und trug sie von dort aus im Büßergewand nach Paris. Barfuß und abwechselnd mit seinem Bruder. Nicht weiter schlimm, es war August, das Wetter schön, Paris war nah, in Sens ging man aufs Schiff, und erst die letzte Etappe wieder zu Fuß, von Notre-Dame in die Kapelle des Königspalastes. Der heilige Ludwig, damals noch schlicht »der Neunte«, befahl als würdigen Rahmen für die Dornenkrone, einen Nagel vom Kreuz und andere Reliquien eine Schatztruhe zu bauen. Und wie eine Schatztruhe wirkt die Sainte-Chapelle heute noch: Fast 800 Jahre nach dem heiligen Ludwig, nach Bränden, Verwüstungen und Überschwemmungen hat sie kein Quäntchen ihrer blendenden Anmut verloren, strahlt die Ausgewogenheit ihrer schlanken Proportionen wie eh und je.

Das hört sich pathetisch an. Aber das Licht in der Oberkirche, das auf insgesamt 615 Quadratmetern durch 1.134 Scheiben fällt – davon 720 Originale –, rechtfertigt eine ganze Menge Pathos. Und eine Menge Anstehen. Selbstredend war dieser Anblick früher dem König und seinem engsten Umfeld vorbehalten. Blau-goldenes Dämmerlicht empfängt die Besucher im Erdgeschoss: Dies ist die Unterkirche, für die niederen Ränge. Ohne die Grabplatten am Boden könnte man glatt vergessen, dass der Souvenirshop früher eine Kirche war.

Adresse Boulevard du Palais | **Métro** 4, Station Cité | **Öffnungszeiten** 1. März–31. Okt. Mo–Fr 9.30–12.30 und 14.15–18 Uhr, Sa, So 9–17 Uhr, am 1.1., 1.5. und 25.12. geschlossen | **Tipp** Die Dornenkrone Christi wird nun in Notre-Dame aufbewahrt und jeden ersten Freitag im Monat um 15 Uhr von Rittern des Ordens vom Heiligen Grab zur Anbetung ausgesetzt.

94 __ Saint-Eugène-Sainte-Cécile (10. Arr.)

Glaube hat viele Farben

Aron Jean-Marie Lustiger konvertierte vom Judentum zum katholischen Glauben und starb 2007 als Kardinal und Erzbischof von Paris. Er war ein fortschrittlicher Geist und dennoch der erste Bischof, der beantragte, dass ein Priester seiner Diözese die Heilige Messe wieder auf Latein lesen dürfe.

Zwar hatte das Zweite Vatikanische Konzil den Priestern eine Kehrtwendung zur Gemeinde und das Lesen der Messe in der jeweiligen Landessprache vorgeschrieben, aber Papst Johannes Paul II. machte 1984 von seinem Recht Gebrauch, Befreiung von gültigen Kirchengesetzen zu gewähren, und erteilte den Diözesanbischöfen die Erlaubnis, einzelne Priester wieder lateinische Messen lesen zu lassen.

Lustiger beantragte dieses Recht für die Gemeinde Saint-Eugène-Sainte-Cécile. Seit 1989 wurde in der Gemeindekirche die Messe von zwei Priestern nach zwei verschiedenen Riten gelesen. Eine kostspielige Angelegenheit, wahrscheinlich liest daher seit 1998 ein einziger Priester alle Messen und bemüht sich um Einheit über alle liturgischen Grenzen hinweg. Es heißt, manche Besucher der lateinischen Messe trauerten zu sehr den alten Zeiten nach. Das außergewöhnlich bunte Innere von Saint-Eugène-Sainte-Cécile empfängt jedenfalls seit der Einweihung am Heiligen Abend 1855 alle Gläubigen gleich farbenfroh.

Äußerst fortschrittlich wurden für das Kirchenschiff erstmalig Säulen und Streben aus Guss und Eisen gefertigt, der Stil jedoch am 13. Jahrhundert ausgerichtet und das Ganze mit neuzeitlich-großen Buntglasflächen abgerundet. Das hätte als wirres Durcheinander ins Auge gehen können, aber das Zusammenspiel der unterschiedlichen Materialien und Stile ist harmonisch und ergibt ein farbenfrohes, besuchenswertes Gotteshaus.

Adresse 4, Rue du Conservatoire | **Metro** 8, 9, Station Bonne-Nouvelle | **Tipp** In Nummer 2, Boulevard de Strasbourg befindet sich das Atelier von Anne Hoguet, ihres Zeichens Fächermacherin in fünfter Generation. Am Montag, Dienstag und Mittwoch (während der französischen Schulferien von Montag bis Freitag) verwandelt sie ihr Atelier und einen Teil ihrer Wohnräume in ein kleines Fächer-Museum.

95 __ Saint-Eustache (1. Arr.)

»Adieu les fruits et les légumes!«

Saint-Eustache ist die größte Renaissancekirche Frankreichs. Sie ist zwar 25 Meter kürzer als Notre-Dame, dafür aber mehr als zehn Meter breiter und immerhin einen halben Meter höher. Und sie ist viel heller als ihre berühmte gotische Kollegin, da im Lauf der Zeit viele der alten Bleiglasfenster durch Feuer oder Revolution zerstört und durch klares Glas ersetzt worden sind. Bereits im Jahr 1213 wurde eine erste Kapelle errichtet, als sich König Philippe Auguste ein bisschen Geld bei einem tüchtigen Mysterienspieler leihen musste, der im richtigen Leben ein tüchtiger Geschäftsmann war. Der schlug dem König vor, ihm eine Lizenz zum Gelddrucken zu erteilen beziehungsweise die Genehmigung, einen Heller auf jeden auf dem Markt verkauften Korb Fisch erheben zu dürfen. Statt Rückzahlung. Der König fand die Idee klasse, die Zeche zahlte damals schon der Konsument. Der Händler wurde reich und ließ ob seines Glücks der heiligen Agnes eine Kapelle errichten, an deren Stelle im 16. Jahrhundert Saint-Eustache erstand.

Hier gingen nicht nur die Hallenhändler zur Messe und Ludwig XIV. zur Kommunion. Hier wurden die Trauerfeier für Mozarts Mutter gehalten und Richelieu getauft. Die Kirche hat vier Eingänge, denn Wohnhäuser wurden früher gern direkt an Gotteshäuser angebaut, und durch mehrere Portale wurden lange Wege um diese Anbauten herum mitten durch die Kirche abgekürzt. In einer Seitenkapelle neben dem Ausgang Impasse Saint-Eustache stellt eine rührend-naive Plastik aus den Siebzigern den unwiderruflich letzten Markttag vor Saint-Eustache dar.

Es ist das Abschiedsgeschenk der Hallenhändler an ihre Gastgemeinde: »Der Auszug von Obst und Gemüse aus dem Herzen von Paris« … Durch den Ausgang gelangt man in die Rue Montmartre und zum Eingang der Kirchenkrypta, der heiligen Agnes geweiht. Hier finden sich noch Spuren der ersten Kapelle. Über dem Eingang – ein Fisch.

Adresse 2, Impasse Saint-Eustache | Metro 4, Station Étienne Marcel | Tipp Die Papier-untersetzer im »Le Louchébem«, einem alten Hallenlokal in der Rue Berger, bieten einen Kurz- und Intensivkurs in Hallen-Rotwelsch, dem »argot«.

96 Saint-Étienne-du-Mont

(5. Arr.)

Diverse Merkwürdigkeiten

Papst Johannes Paul II. hat 1997 in Saint-Etienne-du-Mont, die die Pariser Gotik als Ausrufezeichen abschließt, vor einem fast leeren Heiligenschrein gebetet. Es war zwar gelungen, den Lettner der hinter dem Panthéon gelegenen Kirche als einzigen an der Zerstörungswut der Säkularisierung vorbeizuschmuggeln – ein wahres Wunder angesichts der Größe des herrlichen Raumteilers, der die hohe Geistlichkeit von Otto Normalbeter trennte –, die heilige Genoveva indes hatte ordentlich Schaden genommen.

Vor der Revolution wurden die Gebeine der Pariser Stadtheiligen in der Abtei zur heiligen Genoveva aufbewahrt, die an der Stelle des heutigen Panthéons stand. Tout Paris rannte damals unablässig mit jedem Wehwehchen und der Bitte um Hilfe in die Abtei. Anbetung jedoch war der Revolution suspekt, permanente Anbetung ein Dorn im Auge. Man beschloss, wie es die Zeit erforderte, ein radikales Zeichen zu setzen, und leitete die »Angelegenheit Sainte-Geneviève« zur Erledigung an das Büro von Madame Guillotine weiter. Le problème: Die Heilige war schon eine ganze Weile tot. Das Guillotinieren von Knochen hätte zumindest unprofessionell ausgesehen. Man entschied sich für Plan B und beschloss, die Gebeine mit gehörigem Tamtam zu verbrennen. Das hinterließ beim Volk einen kolossalen Eindruck, und es ist wahrscheinlich der Nachhaltigkeit dieser Aktion zu schulden, dass es bis 1907 dauerte, ehe man der Stadtheiligen endlich wieder eine Kirche auf Pariser Boden weihte. Sainte-Geneviève des Grandes Carrières liegt im unbedeutenden Norden, hinter der Butte Montmartre.

Die Abtei musste dem Bau des Panthéons weichen, nur einer ihrer Türme blieb stehen, grenzt an Saint-Etienne-du-Mont und wurde mittlerweile in die heiligen Hallen des Lycée Henri IV eingemeindet, prima inter pares in Paris, eine der ersten unter Frankreichs Eliteschulen.

Adresse Place du Panthéon | **Metro** 10, Station Cardinal Lemoine | **Tipp** Von hier ist es nicht weit zur Place de la Contrescarpe und zur stets gut besuchten Marktstraße dieses Viertels, der Rue Mouffetard.

97 __ Saint-Séverin (5. Arr.)
Mit Gotik gegen Pommes, Gyros und Döner

Saint-Séverin ist in Teilen die älteste Kirche der Stadt, sicher eine der schönsten und ebenso sicher eine der meistignorierten. Gegen Futterläden und Souvenirshops kann Gotik eben nicht viel ausrichten, kein Glockenturm von 1430 nebst ebenso alter Uhr, keine Wasserspeier, die älter sind als die von Notre-Dame und viel besser zu sehen, da tiefer unten.

Als vor 800 Jahren die Universität und das Quartier Latin entstanden, ersetzte eine größere Kirche im gotischen Stil Saint-Séverin, die Erste. Der neue Glockenturm war der höchste der Stadt. Das änderte sich, als der Bau abgeschlossen war und der Bau von Notre-Dame begann. Nach Ende des Hundertjährigen Kriegs, Mitte des 14. Jahrhunderts, standen von Saint-Séverin nur noch der Glockenturm und die ersten drei Jochbögen. Die Kirche erstand neu und mit ihr die eleganten Pfeiler des berühmten »Palmengartens«. Eine meisterlich gedrechselte Säule im Zentrum des Chors windet sich als Symbol des Lebens zum Himmel empor. Im 17. Jahrhundert baute Jules Hardouin-Mansart die Gebetskapelle an. Die Decke zeigt eine große Muschel, die die Ellipsenform der Kapelle vorgibt und an den »camino« erinnert, der als Rue Saint-Jacques an der Kirche vorbeiführt.

Der Kirchgarten gehörte zum Kloster Saint-Séverin und war Gemeindefriedhof. Beinhäuser umstanden ihn in großer Zahl, dazwischen die Massengräber, in denen pro Jahr durchschnittlich 250 Tote beigesetzt wurden. Anwohner beschwerten sich über den Geruch. Die Patres, die über den Beinhäusern wohnten, beschwerten sich nie.

1447 nutzte ein zaghaftes Chirurgenteam die grabnahe Lage und führte in einem der Beinhäuser die erste Gallenoperation am lebenden Menschen durch. Man lockte einen zum Tode Verurteilten mit entsprechender Diagnose auf den OP-Tisch, indem man ihm versprach, ihn im Überlebensfall freizulassen. Er überlebte und bekam obendrein ein bisschen Geld von den erleichterten Chirurgen.

Adresse 1, Rue des Prêtres-Saint-Séverin | **Metro** 4, Station Saint-Michel | **Tipp** Die Rue du Chat-qui-Pêche, die »Gasse zur fischenden Katze«, führt zur Seine hinunter. Am Ende der kürzesten Straße von Paris soll die schwarze Katze eines Alchimisten mit der Pfote Fische aus der Seine geschlagen haben.

98 Der Square Barye (4. Arr.)

Logenplatz am Ufer

Vom Künstler Antoine-Louis Barye künden die Bronzereliefs der Juli-Säule auf der Place de la Bastille und der kleine Park oberhalb der wenig besuchten Ostspitze der Île Saint-Louis. Über diese Anlage gibt es einiges zu berichten – das Wichtigste ist wahrscheinlich, dass man sich hier unbehelligt von Absperrungen oder Besuchermassen direkt ans Seine-Ufer setzen kann – besonders bei Sonnenaufgang ein romantischer Ort.

Dieser Teil der Insel gehörte zu den Gärten der Familie Bretonvilliers, deren Palast samt Umschwung Haussmanns Stadterneuerung weichen musste. Der kleine Rest der Bretonvillier'schen Gartenanlagen wurde zum Square Barye. Er liegt in der Mitte des Pont de Sully und wird nicht ganz so intensiv gepflegt wie die viel besuchten Bereiche um die berühmten Bauwerke der Stadt. Auf dem steinernen Sockel des Denkmals und vor der Tafel mit Herrn Baryes Bildnis befanden sich Bronzestatuen, völkisch eingeschmolzen in schmutzig-brauner Zeit, aber die Verzierungen aus Stein hielten die Stellung. 1993 erhielten Square und Sockel Gesellschaft in Form einer Zeder, die mit großem diplomatischem Aufwand in die Erde gesetzt wurde, denn der damalige Bürgermeister von Paris und spätere französische Staatspräsident Jacques Chirac hatte als Freund des Libanon den libanesischen Präsidenten Rafiq Hariri eingeladen, gemeinsam mit ihm diesen Baum zu pflanzen, als Zeichen der Freundschaft zwischen ihren Ländern und zur Feier von Hariris erstem Jahr im Amt. Gemeinsam schritt man zur symbolischen Tat.

Rafiq Hariri blieb bis 1998 libanesischer Präsident und wurde 2000 wiedergewählt. 2004 stellte der siebenfache Familienvater sein Amt zur Verfügung, kurz darauf kam er bei einem Attentat ums Leben. Chirac war von 1995 bis 2007 französischer Staatspräsident. Der Zeder geht's gut.

Nach einem Besuch der Stadtreinigung bietet der Square Barye abends die allerfeinste Kulisse für eine Pause am Seine-Ufer.

Adresse Boulevard Henri IV | **Metro** 7, Station Sully Morland | **Tipp** Im Square Galli, Grünanlage auf der »rive droite« vor dem Pont de Sully, wurden einige Steine der Bastille abgelegt, die beim **Metro**-Bau im Weg waren. Es handelt sich um Teile der »tour de la liberté«, so genannt, weil sich die Häftlinge dort die Beine vertreten durften.

99 Der Square Tino Rossi (5. Arr.)
Künstler-Seine

Das »Musée de la Sculpture en Plein Air« im Park Tino Rossi ist immer geöffnet. Die Skulpturensammlung mit Werken aus der zweiten Hälfte des 20. Jahrhunderts erstreckt sich am Seine-Ufer zwischen dem Pont de Sully, am Ende der Ostspitze der Île Saint-Louis und dem Pont d'Austerlitz. Eine Besichtigung ist gleichzeitig ein Spaziergang am Wasser entlang zwischen der Île Saint-Louis und dem Jardin des Plantes. Die Skulpturen sind nicht nur am Ufer aufgestellt, sie haben sich auch auf den Rasenflächen, in den Brunnen oder am Spielplatz niedergelassen. Aber seien es nun Schöpfungen von Brancusi, César, Pagès oder Kirova – die weitaus meisten von ihnen stehen auf dem Quai. So kann ein großer Teil des Freilichtmuseums auch vom Wasser aus besichtigt werden.

Wer nicht besichtigen möchte, kann tanzen. Seit einigen Jahren wird an Sommerabenden – oder wann immer das Wetter es zulässt – auf dem gepflasterten Strand vor der Kulisse der Île Saint-Louis getanzt. Tanzen im Sinne von »zwei Menschen, die einander umfassen, bewegen sich zu Musik«. Dazu bringt irgendjemand einen CD-Spieler mit, stellt ihn an, und dann geht's los. Am Square Tino Rossi ist es meist Tango oder Salsa. Mit Tango hat es Ende der 90er Jahre des vorigen Jahrhunderts angefangen. Zunächst inoffiziell, was zur Folge hatte, dass die Polizei manchmal vorbeischaute und die Veranstaltung beendete. Die Tänzer drehten sich schon Minuten nach dem Abzug der Ordnungshüter weiter. Die Polizisten wussten das, hatten aber ihrer Pflicht Genüge getan. Daran hat sich nichts geändert, zumindest an den inoffiziellen Tanztagen. Offiziell getanzt werden darf am Samstagabend. Als Tanzfläche dienen drei kleine Buchten, die wie Amphitheater gebaut sind, sodass das Publikum sich um die Tanzflächen herum setzen und staunen kann. Nicht selten ist das Wiedergabegerät ein Kassettenrekorder. Haupttanzzeit sind die Abende von Juni bis Oktober, ganz eifrige Tangotänzer tanzen auch im Schnee.

Adresse Quai Saint-Bernard | **Metro** 7, 10 Station Jussieu; Batobus Endstation Square Tino Rossi | **Tipp** Der gepflasterte Strand ist bis zum Pont National durchweg begehbar. Hier liegt neben einigen anderen Restaurants und Party-Schiffen auch das »Batofar« vor Anker, ein Feuerschiff, das zwischen 1957 und 1975 vor der irischen Küste Dienst tat und seit 1999 eine feste Größe unter den Pariser »salles de musique« darstellt.

100__ Das Studio 28 (18. Arr.)

Auch ohne Amélie ganz fabelhaft

Das »Café des Deux Moulins« in der Rue Lepic ist bestens bekannt als Kulisse aus dem Film »Die fabelhafte Welt der Amélie«. Das kleine Kino aus der Szene »Manchmal ging Amélie freitags ins Kino« kennen dagegen nur eingefleischte Cineasten. Hinter dem Eingang von Nummer 10 der steilen Rue Tholozé hat es sich für Kinoliebhaber unverbraucht erhalten, das Studio 28, winziges Viertelkino aus dem »âge d'or«, dem Goldenen Zeitalter des Films. 1930, zwei Jahre nach der Eröffnung, wird hier Luis Buñuels gleichnamiger Film uraufgeführt – für damalige Verhältnisse mehr ein öffentliches Ärgernis als ein Kinofilm. Die Eingangshalle wird von Erinnerungsstücken gesäumt und führt an aufgeschlagenen Gästebüchern mit berühmten Unterschriften und Filmpostern vorbei an eine kleine Bar. Links geht es in den Kinosaal, rechts auf die Terrasse. In diesem Teil der Stadt gibt es sehr wenige friedliche Orte mit dermaßen zivilen Preisen für nahrhafte »tartes salés« und hausgemachten Obstkuchen. Im Sommer ist es kühl, im Winter wird die Terrasse geheizt.

Von der bambusgesäumten Wand hinter den kleinen Tischen schaut alles, was im französischen Kino Rang und Namen hat. Der Kinosaal samt Leuchtern wurde 1948 von Jean Cocteau gestaltet und ist im Original erhalten. Gespielt wird von Mittwoch bis Samstag Aktuelles, Sonntag und Dienstag Filmkunst, alles in Originalversion, vor 170 Plüschplätzen, Kindervorstellungen an Mittwoch- und Samstagnachmittagen französisch synchronisiert. Auch ohne Eintrittskarte gewährt man vor oder nach dem Film gern einen Blick in den Saal. Im Eingang ein Bild des Schauspielers Albert Dieudonné in seiner berühmten Rolle als Napoleon. Er verkörperte den Kaiser offenbar sehr glaubhaft, wie die Bildunterschrift von Bonaparte-Biograf Élie Faure belegt: »Wenn mir Napoleon, der wahre Napoleon, begegnete, würde ich ihn nur erkennen, weil er Albert Dieudonné so ähnlich sieht.«

Adresse 10, Rue Tholozé | **Metro** 2, Station Blanche | **Tipp** Die »Maison Eymonaud« in der Impasse Marie Blanche ist ein Schlösschen in Neogotik vom Ende des 19. Jahrhunderts.

101 Die »tasse« (14. Arr.)

Kaiser Vespasians Erbe

Umgangssprachlich wurden sie »tasse« genannt, die stillen Örtchen aus der Zeit der vorletzten Jahrhundertwende. Diese hier ist eine der allerletzten, die letzte in Paris. Sie kann sich kaum noch auf ihren dünnen Beinchen halten. Wenn das mit ihrer Erhebung in den Denkmalstand noch lange dauert, knickt sie eines Tages wahrscheinlich einfach ein. Das wird nicht vielen auffallen, denn auf ihrem Posten direkt vor dem Gefängnis »La Santé« herrscht kein reger Publikumsverkehr.

1834 wurden die kleinen grünen Blechhäuschen erstmalig und sehr zur Erleichterung des starken Geschlechts auf öffentlichen Plätzen und Wegen aufgestellt und »colonnes vespasiennes« getauft, nach dem römischen Kaiser Vespasian. Der plante, eine Steuer auf die Benutzung der von ihm eingerichteten öffentlichen Bedürfnisanstalten zu erheben. Sohn Titus meinte, dieser Plan stinke zum Himmel. Da soll der Kaiser seinem Jungen eine Handvoll Goldmünzen unter die Nase gehalten haben: »Riech mal: Non olet!« – Geld stinkt nicht.

In Frankreich war die Benutzung dieser Örtchen gratis. Gegen Ende des 19. Jahrhunderts standen den Pariser Bürgern schon über 1.000 »vespasiennes« zur Verfügung. Moralisch nicht ganz einwandfrei, da nachts von Liebesdienerinnen und -dienern als Arbeitsstätte begehrt, verbesserten sie die hygienischen Zustände auf den Straßen enorm. Bis dahin war Mann quasi gezwungen, sich öffentlich zu erleichtern, nun verschwand man hinter die grünen Blechwände der »tasses«. Die Verrichtung erfolgte im Stehen, wadenabwärts und ohrenaufwärts blieb man unverhüllt. Damen blieben außen vor, obwohl der Pariser Stadtrat das Fehlen eines WC-Äquivalents für die Weiblichkeit bereits 1891 moniert hatte. Erst 100 Jahre später wurde Abhilfe geschaffen, dafür bieten die »Sanisettes« größtmöglichen Komfort – uneinsehbar, nach jeder Benutzung komplett desinfiziert und mit Sitz. »Tasse« war gestern.

Adresse Boulevard Arago | Metro 6, Station St-Jacques | Tipp Die langen Gefängnis-
mauern zur Rue Jean-Dolent bilden die Kulisse vieler »Maigret«-Romane von Georges
Simenon. Man kann kaum glauben, dass das moderne Frankreich Menschen noch in solchen Verschlägen einsperrt.

102 — Das Théâtre Déjazet (3. Arr.)
Paradies und Olymp

Das Théâtre Déjazet liegt am Boulevard du Temple, der »Boulevard des Verbrechens« des frühen 19. Jahrhunderts. 52 Theater säumten die breite Straße vor über 200 Jahren, und an einem Abend wurde auf den Bühnen bis zu 6.000-mal gestorben, ein Darsteller wurde insgesamt über 16.000-mal erschlagen, und ein anderer starb an über 11.000 Giftanschlägen. Das Gebäude des Déjazet war zuerst ein »jeu de paume«, hier wurde eine Art Tennis gespielt. Es gehörte einem schillernden Bürschchen, Bruder von Ludwig XVI. und Ludwig XVIII., selbst fünf Jahre als Karl X. König von Frankreich, reaktionär bis auf die Knochen und daher durch die Juli-Revolution abgesetzt. Als Ludwig XVI. noch König und das Bürschchen noch der Graf von Artois waren, besuchte ihn Königin Marie-Antoinette manchmal in diesem Ballhaus. Er starb 1836 in Österreich.

15 Jahre später hob sich der erste Theatervorhang, aus der ehemaligen Sporthalle war eine Mehrzweckhalle geworden. Das Déjazet war das einzige Theater auf dieser Seite des Boulevards, daher blieb es bei dessen Verbreiterung stehen, während alle anderen dran glauben mussten. Irgendwann ging's trotzdem bergab, ab 1939 ersetzten Kinofilme das Schauspiel. 1943 wurden im Déjazet die Bühnenszenen von Michel Carnés berühmtem Film »Les enfants du paradis«, deutscher Titel: »Kinder des Olymp«, gedreht. Das französische »paradis« wie der deutsche »Olymp« bezeichnen die obersten, billigsten Theaterränge. Zum Zeitpunkt der Dreharbeiten waren die heiteren Wand- und Deckenmalereien bereits übermalt. Mittlerweile sind sie wieder freigelegt.

Das Theater wechselt die Genres, wird von 1985 bis 1992 das »Théâtre Libertaire de Paris«, aber auch die Anarchie braucht von Zeit zu Zeit ein bisschen Bargeld. Seit 1992 steht es unter der Leitung eines der letzten »libertins« der Stadt, Jean Bouquin. Die restaurierten Salons mit Originalmöbeln können für Empfänge gemietet werden.

Adresse 41, Boulevard du Temple | **Metro** 8, Station République | **Tipp** »Le souper, c'est après le spectacle«: Gleich nebenan liegt die 100-jährige Brasserie »Chez Jenny«, dort wird bis 2 Uhr serviert.

103__ Der Tintoretto (7. Arr.)
Eintritt frei

Die Kirche Saint-François Xavier ist weder schön noch berühmt. 19. Jahrhundert, viel grauer Sandstein, eine Fassade, die dem Blick an keiner Stelle festen Halt bietet. Auf allen Seiten von Straßen eingerahmt, herrscht hier, rund um die schlichte Kirche, nur wenige Schritte von Napoleons marmorstillem Pompösgrab im Invalidendom entfernt, niemals Ruhe. Keine gute Lage. Und doch verbirgt sich hinter dem schmucklosen Äußeren ein wahrhaftiger Schatz – ein Abendmahl von Jacopo Tintoretto!

Versteckt in einer Seitenkapelle, beleuchtet von ein paar funzeligen Spots und Tageslicht, das durch zwei kleine, eher trübe Fensterchen fällt, hängt das Meisterwerk, das von der Scuola zum heiligen Sakrament in Venedig in Auftrag gegeben und 1559 fertiggestellt wurde. Kurz nachdem Napoleon 1797 Venedig besetzt hatte, tauchte das Bild unerklärlicherweise in Frankreich auf. Dort ging es durch mehrere Hände und blieb schließlich bei der Baronin de Teil, und die schenkte es der Gemeinde Saint-François-Xavier.

Tintoretto malte acht verschiedene Versionen des Letzten Abendmahls. Die Abendmahlszene von Saint-François-Xavier hat er in Halbdunkel getaucht und setzt mit dem auffallend weißen Tischtuch einen seiner bekannten Lichtakzente. Jesus sitzt im Zentrum, aber im Hintergrund des Bildes. Die Figur wirkt grob gemalt, fast unfertig, wie manches andere auf dem Riesenschinken. Den linken Arm hat der Messias um Johannes gelegt, der schlafend neben ihm auf den Tisch gesunken ist. Im Vordergrund verbreiten die übrigen Jünger hektische Unruhe, gestikulieren theatralisch. Sie tragen Gewänder aus grobem Tuch und wirken entrüstet, aufgescheucht. Jeder Einzelne scheint zu beteuern, dass er Jesus ganz sicher nicht verraten wird, derweil Judas im Bildvordergrund versucht, den Beutel mit den Silberlingen hinter seinem Rücken zu verbergen. Die Darstellung wirkt ein ganz kleines bisschen übertrieben, aber so muss ein echter Tintoretto sein.

Adresse 12, Place du Président Mithouard | Metro 13, Saint-François Xavier | Tipp Das
Hôtel des Invalides beherbergt nicht nur Napoleons Grabmal, sondern im dazugehörigen
Musée de l'Armée neben anderen Kuriositäten auch Napoleons ausgestopftes Pferd.

104 Der Torbogen über der Rue de Nevers (6. Arr.)

Der kleine Claude und sein großes Maul

Die Rue de Nevers ist ein 800 Jahre altes Stück Paris, so schmal, dass man sie vom Pont Neuf aus kaum sehen kann, obwohl sie dort beginnt. Die Einfahrt wird von einem hohen Torbogen bewacht, an dessen Decke ein Gedicht, das die Daseinsberechtigung des Pont Neuf – gelinde gesagt – in Zweifel zieht. Das Werk ist ein Teil des Zyklus »Paris ridicule«, in dem der Dichter Claude le Petit die Brücke spöttisch aufs Korn nimmt. Er macht sich lustig über die ständigen Reparaturen und die schlecht verbundenen Bögen, spricht davon, dass auf der Brücke mehr kleine und große Fische zu finden seien als im Fluss darunter. Der junge Mann mit der giftigen Feder nahm es locker. Seine Werke waren ein ständiger Stein des Anstoßes, vor allem das freizügige »Le Bordel des Muses ou les Neuf Pucelles Putains, Caprice Satirique de Théophile le Jeune« (»Das Bordell der Musen oder die neun jungfräulichen Huren, eine satirische Kaprize von Théophile dem Jüngeren«).

Mit der Obrigkeit trieb man keine Späße, es war allseits bekannt, dass drakonische Strafen auf dem Fuß folgten. Schließlich war das Maß des Claude le Petit voll: 1662 wurde ihm wegen seiner Schriften der Prozess gemacht. Der Richterspruch ordnete an, le Petit sei zuerst die rechte Hand abzuschlagen, dann sei er auf dem Richtplatz vor dem Rathaus zu verbrennen. In einem Anflug von Milde und Güte hatten die Richter verfügt, der Dichter sei vor dem Anzünden zu erdrosseln. Heimlich natürlich, sonst kämen Beschwerden aus dem Publikum. Das Urteil schloss mit dem zeitgenössischen Postskriptum: »So barmherzig ist die Gerechtigkeit.«

1906 wurde Marie Curies Mann Pierre auf dem Weg zum Pont Neuf über den Quai de Conti von einem Fuhrwerk erfasst und erlag an Ort und Stelle seinen Verletzungen. Madame Curie verlor die Liebe ihres Lebens. Sie hat nicht wieder geheiratet.

Adresse 1, Quai de Conti | **Metro** 7, Station Pont Neuf | **Tipp** Ein Rest der Stadtmauer von Philippe Auguste aus dem 13. Jahrhundert schließt die Rue de Nevers ab.

105__Die Tour Jean sans Peur
(2. Arr.)
Mit Furcht und Tadel

Es war im Jahr 1407, als Johann Ohnefurcht eine Heidenangst bekam. Er ließ Namen Namen sein und befahl als Sofortmaßnahme für den Schutz der eigenen, tapferen Person, seine Pariser Residenz um einen trutzigen Turm zu erweitern.

Johann lebte von 1371 bis 1419. Nach dem Tod des Vaters erbte der 33-Jährige den Titel des Herzogs von Burgund und den Platz im Regentenrat des jungen Königs Karl VI., der nicht zu Unrecht den Beinamen »der Wahnsinnige« trug.

Bislang hatte Ohnefurcht sich als Schlachtenlenker empfohlen, jetzt war er oben angekommen. Einziger Wermutstropfen: Im Rat saß auch sein Vetter Ludwig von Orleans. Der war nicht nur der Bruder des schwächelnden Königs, sondern auch ein Günstling der jungen Königin. Zur Beendigung des ständigen Streits mit Ludwig griff Johann zur gern gewählten zeitgenössischen Lösung und ließ den Widersacher ermorden. Jetzt hatte er das Sagen im Regentenrat, übernahm die Leitung der Staatsgeschäfte. Die unschönen Streitereien mit Orleans waren Geschichte und blieben dem König fürderhin erspart.

Viel zu spät fiel ihm die berüchtigte Rachsucht der Orleans-Sippe ein. Und da überkam den unerschrockenen Strippenzieher Johann große Furcht. Augenblicklich befahl er, einen Wehrturm an seinen Palast anzubauen, direkt auf die schützende Mauer des Philipp August, die sich dazumal bereits fast 200 Jahre bewährt hatte. Die Maßnahme hat wenig geholfen. Auf Betreiben der Orleans wurde Jean sans Peur 1419 aus seinem Turm in einen Hinterhalt gelockt und nach bewährter zeitgenössischer Art ermordet.

Der Wehrturm dagegen war nicht kleinzukriegen. Er steht immer noch auf seinem alten Platz auf der Stadtmauer, und die Öffnungen für die Pechnasen künden der Nachwelt von der Tapferkeit des Erbauers.

Adresse 20, Rue Étienne Marcel | Metro 4, Station Étienne Marcel | Tipp Die Pâtisserie Stohrer, 51, Rue Montorgueil, ist seit 1730 Garant für königliches und bürgerliches Hüftgold.

106 Die Tour Montgomery
(4. Arr.)
Hochsicherheitstrakt

Philippe Augustes Stadtmauer begrenzt den Sportplatz des ehrwürdigen Lycée Charlemagne. In den Wachturm, der an die Straße grenzt, ließ Katharina von Medici einst einen Schotten einsperren, der ihren königlichen Gatten getötet hatte.

Am 30. Juni 1559 ließen König Heinrich II. und Königin Katharina zu Ehren der Vermählung zweier ihrer Kinder ein Turnier auf der breiten Rue Saint-Antoine veranstalten. Man streute Sand über das Pflaster, um den Pferden ein bisschen mehr »Grip« zu bieten, und fällte ein paar Bäume. Alles sollte reibungslos ablaufen. Was es nicht tat. Der Ärger fing an mit einem Riesenkrach zwischen Heinrich und seiner Geliebten Diane. Er trennte sich von ihr, wollte sich nun Katharina widmen. Aber erst das Turnier! Im letzten Zweikampf trat er gegen den Kapitän seiner schottischen Garde, Gabriel de Montgomery, an. Als König und Schotte beim ersten Gang aufeinandertrafen, brachen ihre Lanzen. Ebenso beim zweiten Mal. Gemäß Turnierregeln war die Lanze beim Aufprall sofort loszulassen. Montgomery tat dies beim dritten Mal nicht oder zu spät. Seine Lanze durchbohrte Heinrichs Kopf. Der König starb zehn Tage später, und so wurde ausgerechnet eine Schottin zur Königin von Frankreich: Maria Stuart war die Gemahlin seines ältesten Sohns und Nachfolgers Franz. Katharina war untröstlich und rasend vor Schmerz. Montgomery wurde in den Turm gesperrt, kam frei, verschwand über den Kanal, langweilte sich, kam in hugenottischen Diensten in den Religionskriegen zurück nach Frankreich, wurde nach einer verlorenen Schlacht gefangen genommen und auf Katharinas Befehl sofort hingerichtet, trotz Kapitulation.

Die abgelegte Diane hatte sich derweil überlegt, sie könne Katharina vielleicht für sich einnehmen, wenn sie ihr die Kronjuwelen zurückgebe, die der liebestolle Heinrich ihr verehrt hatte. Katharina akzeptierte die Geste. Vermisst hatte sie sie nicht, Heinrichs Kronjuwelen.

Adresse Rue Charlemagne | **Metro** 1, Station Saint-Paul | **Tipp** Das Museum für Zauberei in der Rue Saint-Paul bietet magische Einblicke und die seltene Gelegenheit, in einen Pariser Keller zu gelangen.

107 __ Die Tour Montparnasse
(15. Arr.)

Das Dach von Paris

Die Aussicht vom Eiffelturm wird überschätzt. Unterschätzt dagegen wird der hohe Zeitverlust beim Anstehen, Liftfahren, noch mal Anstehen. Oben ist es zu jeder Tages- und Nachtzeit voll und eng, kaum eine Chance, in Ruhe einen Blick nach unten in die viel zu weit entfernte Stadt zu werfen. Ganz anders die Tour Montparnasse: Keine Warteschlangen an der Kasse, und der Lift überwindet die 196 Meter bis in die 56. Etage in 38 Sekunden. Noch ein paar Stufen hinauf, dann wird es atemberaubend: Die Dachterrasse ist riesig, fast immer menschenleer und würde jedem Thriller als Kulisse Ehre einlegen. Der Blick auf die Stadt ist einzigartig, und bei Regen hat ihn der Terrassenbesucher für sich allein. Für Regenmuffel ist die Etage unter der Aussichtsplattform komplett verglast. Vor den Fenstern sind die Sehenswürdigkeiten ausführlich beschrieben.

1969 wurde mit dem Bau des schwarzen Monsters begonnen, das bis zur Fertigstellung des Frankfurter Messeturms der höchste Wolkenkratzer Europas war. Zunächst wurde der alte Bahnhof Montparnasse abgetragen, insgesamt mehr als 420.000 Kubikmeter Schutt, dann wurden 56 Betonstützpfeiler unter dem Komplex 70 Meter tief im Boden verankert, die Metro-Linien mit einer Stahlbetonröhre geschützt und lange Träger eingezogen, auf denen später die Gleise des neuen Bahnhofs ruhten. Der Turm kann mit 7.200 Fenstern auf 40.000 Quadratmetern Fassade renommieren, mit fünf Lastenaufzügen und 25 Personenaufzügen. Für Hubschrauberlandungen können die Absperrgitter rund um die Besucherterrasse in zwei Minuten hydraulisch nach außen geklappt werden. 1975, zwei Jahre nach der Einweihung, wurde ein Gesetz erlassen, das die Höhe von Neubauten in Paris auf sieben Stockwerke begrenzt. Dieses Gesetz gilt allerdings nicht immer und überall.

Zwei Dinge haben die Tour Eiffel und die Tour Montparnasse gemeinsam: Beide passen nicht ins Stadtbild, aber man gewöhnt sich dran.

Adresse Rue de l'Arrivée | Metro 6, 13, Station Montparnasse Bienvenue | Öffnungszeiten täglich 1. April–30. Sept. 9.30–23.30 Uhr, 1. Okt.–31. März 9.30–22.30 Uhr | Tipp Das Musée du Montparnasse betritt man durch eine kleine Sackgasse an Nummer 21 der Avenue du Maine. Öffnungszeiten: Di–Sa 14–18 Uhr, Eintritt frei.

108_ Die Tour Saint-Jacques
(4. Arr.)

Evangelisten auf allen vier Ecken

Die Tour Saint-Jacques gehört zum Unesco-Weltkulturerbe »Jakobsweg in Frankreich«, der hier beginnt. Seit 2008 strahlt der Kirchenturm in restauriertem Weiß, die Zinnen gekrönt und bewacht von einer Statue des heiligen Jakob und den Symbolen der Evangelisten: Löwe, Stier, Adler und Mensch. Aus dem Zentrum im Erdgeschoss winkt Blaise Pascal, der vor über 350 Jahren auf dem Turm seine Versuche zum Gewicht der Luft durchgeführt haben soll. »Saint-Jacques-de-la-Boucherie«, zu den Schlachtern, hieß die dazugehörige Kirche, um sie von der nahen »Saint-Jacques-du-Haut-Pas«, zum Hohen Steig, zu unterscheiden, wo Pascal in Wahrheit experimentiert hatte.

Saint-Jacques-de-la-Boucherie entstand im 11. Jahrhundert direkt im Schlachterviertel. Die Schlachter waren eifrige Kirchgänger und generöse Spender, und die ebenfalls in diesem Viertel ansässigen Hutmacher, Strumpfwirker und Waffenschmiede taten es ihnen nach. Dafür wollten sie auch alle in Saint-Jacques bestattet werden. Alle. 1688 wurde es eng. Gestank und Platzmangel waren unerträglich, die Toten der genannten Zünfte wurden fortan auf dem »Cimetière des Innocents« neben den Hallen begraben.

1780 war auch dieser Friedhof überfüllt, daher wurden verblichene Kirchengönner in den nächsten zehn Jahren wieder im Souterrain von Saint-Jacques beigesetzt. Ab 1789 diente die Kirche der Revolution als Salpeter-Lager, 1797 wurde sie als Steinbruch verkauft und komplett abgetragen. Der Turm blieb verschont und wurde zur Herstellung von Blei genutzt. Empört über die Zweckentfremdung, kaufte die Stadt Paris den Turm – und nutzte ihn fortan zur Herstellung von Blei. 1853 wurde er erstmalig restauriert und auf dem früheren Kirchenareal ein Park angelegt. Alle menschlichen Überreste, die bei den Arbeiten gefunden wurden, sind am Fuß des Turms bestattet. Durch die früheren Grabstätten rumpelt nun die Metro-Linie Nummer 1.

Adresse 41, Rue de Rivoli | **Metro** 1, Station Châtelet (Ausgang Avenue Victoria – Rue Saint-Martin – Square de la Tour Saint-Jacques) | **Tipp** Die Inneneinrichtung des Bazar de L'Hôtel de Ville, B.H.V., ist über 100 Jahre alt, aber dieser Tempel für den Heimwerker ist immer noch geöffnet, im Gegensatz zum Kaufhaus La Samaritaine, das der Feuerwehr nicht mehr sicher genug erschien.

109 __ Der Tower Flower (17. Arr.)

Vertikaler Bambuswald

Das kann dabei rauskommen, wenn die Stadtverwaltung einen Starar-
chitekten für den sozialen Wohnungsbau verpflichtet: neun Reihen
Bambus, die sich im Wind wiegen. Nebeneinander würden sie keinen
spektakulären Anblick bieten, aber übereinander machen sie ganz schön
was her. Beim Bau dieses Hochhauses bestand die Aufgabe der Planer
darin, 30 Sozialwohnungen mit Zugang zum Park und Zufahrt zur
Garage zu schaffen. Die Bauzone war bereits gut gefüllt – wo vorher
brachliegende Eisenbahngleise und ein paar alte Wärterhäuschen waren, war am Rand der rauschenden Ringautobahn – Périphérie – ein
modernes Hochhausviertel entstanden – hoch, weiß, funktionell.

Der Architekt Édouard François dämmte den Lärm mit Bam-
busblättern, die der unaufhörlichen Blechlawine munter, fedrig und
grün entgegenrauschen. Als er das Projekt abgeschlossen hatte und
die Wohnungen bezogen worden waren, schickte selbst das japani-
sche Fernsehen ein Team vorbei, um Bilder von diesen merkwürdi-
gen Franzosen, »die in Blumentöpfen wohnen«, ins ferne Nippon zu
senden. Der Pflanzenfreund François hatte sich ausgetobt und den
30 Mietern einen vertikalen Bambuswald in 380 fest installierten
Betontöpfen vor die Balkons gesetzt. Auf diese Weise wurden die
Außensitzplätze nicht hoffnungslos zugestellt, und die Pflege konnte Sonne und Regen überlassen werden. Die Wohnungen dahinter
werden nur durch wenige, notwendige Innenwände unterteilt und
lassen viel Spielraum für individuelle Einrichtung. Das alles bei einem Mietpreis von nicht mal fünf Euro pro Quadratmeter, der in
der Innenstadt bis zu 20-mal so hoch ist.

Von Weitem wirken die Bambuswände, die bei Wind leise vor
sich hin singen, wie eine Topfpflanzen-Ausstellung. Die Blumentöp-
fe und ihr immergrüner Inhalt haben jeglicher Wohnsilo-Tristesse
den Kampf angesagt und gewonnen. Nur der Name, »Tower Flower«,
ist irgendwie daneben, da Bambus nicht zur Gruppe der regelmäßi-
gen Blüher gehört, aber »Bamboo Block« klingt deutlich weniger hip.

Adresse Rue Albert-Roussel | **Metro** 3, Station Malesherbes | **Tipp** Der Tower Flower liegt im Jardin des Hauts-de-Malesherbes. In dem kleinen Park stehen noch einige Häuschen der alten Opernwerkstätten und ein Teil der Schutzmauern von 1847. Die Pflasterung der Wege stammt vom Pont Neuf.

110 Die Uhr im Panthéon
(5. Arr.)
Brigade »Schönes bleibt!«

Das Panthéon – unendliche Weiten. Wir schreiben das Jahr 2005. Dies ist die Geschichte des Fähnleins Untergunter, das sich aufgemacht hatte, eine Uhr zu reparieren. Die Untergunters haben sich dem heimlichen Erhalt vernachlässigter Pariser Sehenswürdigkeiten verschrieben.

Der merkwürdige Name entstand, als zur Abschreckung von Neugierigen bei geheimen Untergunter-Treffen in den Katakomben unter der Stadt eine CD mit Hundegebell aufgenommen wurde und einen Titel brauchte. Er sollte deutsch klingen, denn als Solisten traten zwei Schäferhunde auf. »Günther« also, französisiert, plus »Unter«, Abkürzung von »Untergrund«. Kurzum: Im Sommer 2005 machte sich der Uhrmacher Jean-Baptiste Viot in Diensten der Untergunter heimlich, wenn auch kaum versteckt, daran, die große Wagner-Uhr über dem Schriftzug »AUX ECRIVAINS MORTS POUR LA FRANCE« im Panthéon zu reparieren. In den 60ern hatte sie ein Bediensteter sabotiert, der es satthatte, das Laufwerk in luftiger Höhe in Gang zu halten. Die kaputte Uhr hatten die Untergunter entdeckt, als man in den oberen Etagen des Panthéon ein paar gemütliche, uneinsehbare Ecken für Gesinnungsgenossen einrichtete. Vorher wurden viele Zusammenkünfte in Katakomben unter dem Trocadéro abgehalten, wo es sogar ein Kino gab, aber dieser Treffpunkt war verraten worden.

Im September 2006 war Viots Werk im Panthéon vollendet. Der Stolz war so groß, dass man die zuständige Behörde (CMN-Centre des Monuments Nationaux) informierte. Die ließ völlig humorlos die Uhr umgehend in CMN-Zustand versetzen: Stillstand. Am Weihnachtsabend 2006 setzten Untergunter die Uhr wieder in Gang. Mitsamt Schlagwerk, sodass die Kunde von der Unfähigkeit der Behörde viertelstündlich durch das Quartier Latin scholl. Die Behörde hielt die Uhr erneut an. Seither ist Ruhe. Erst mal.

AVX ECRIVAINS
MORTS POVR LA FRANCE
MCMXIV · MCMXVIII

Adresse Rue Soufflot | **Metro** 10, Station Cardinal Lemoine | **Tipp** Den Blick von der Kuppel des Panthéons sollte man auf gar keinen Fall versäumen. Öffnungszeiten täglich 1. April–30. Sept. 10–18.30 Uhr, 1. Okt.–31. März 10–18.15 Uhr.

111 Die Vendôme-Säule (1. Arr.)
Nicht immer standhaft

Als ein marmorner Ludwig XIV. ins Zentrum der Place Vendôme rückte und das »Hôtel de Vendôme« abgerissen wurde, hieß der Platz »Louis-le-Grand«. Dieser Sonnenkönig war lang entsorgt, als der Platz zu Ehren einer revolutionären Waffe in »Place des Piques« umgetauft wurde, dann wieder in »Vendôme«. Die Benennung »Place Internationale« währte nicht lang und ging mit der Kommune. 1803 beschloss der Erste Konsul Napoleon, eine Art Trajansäule solle den Platz schmücken, und erbeutete dafür 180 Tonnen Bronze in Form 1.200 feindlicher Kanonen. So hieß die Säule nach »Colonne d'Austerlitz« und »Colonne de la Victoire« ab 1810 selbstverständlich »Colonne de la Grande Armée«. Die Spitze beherrschte ein Bronze-Napoleon im Cäsarengewand.

1814 ersetzten die Sieger von Waterloo die Bronze durch eine weiße Fahne mit Bourbonen-Lilie. 1818 wurde der Kaiser zu einem neuen Reiterstandbild Heinrichs IV. für den Pont Neuf umgeschmolzen. 1833 zog Napoleon als »Kleiner Caporal« wieder auf die Säule, einer der vielen erfolglosen Versuche des Bürgerkönigs Ludwig Philipp, an glorreiche Zeiten anzuknüpfen. 1863 ersetzte eine Kopie im Römergewand den Caporal, Napoleon III. fürchtete um die teure Statue.

Zu Recht. Tatsächlich forderte 1871 eine Bewegung der Pariser Kommune unter Führung des Skandal-Malers Courbet den Abbau der Säule. Später wurde man radikal und kippte das »Denkmal der Barbarei, Symbol brutaler Gewalt und falschen Ruhms« und so weiter um. Die Säule zerbrach, Napoleon zog sich einen kaputten Rücken und eine böse Beule zu, die Bronzeplatten blieben heil.

Nach Zerschlagung der Kommune wurde die Säule restauriert und wieder aufgestellt. Courbet wurde zur Zahlung von 350.000 Franken verurteilt, er starb verarmt 1877. Seit 1875 steht die Säule unangetastet. Der Kaiser im Römergewand hält den Originalglobus von Statue eins rechts und das Schwert links. Bis 1810 war es umgekehrt.

Adresse Place Vendôme | Metro 3, 7, 8, Station Opéra | Tipp An der Place Vendôme liegt das Hôtel Ritz, im Besitz des Milliardärs Mohamed Al-Fayed.

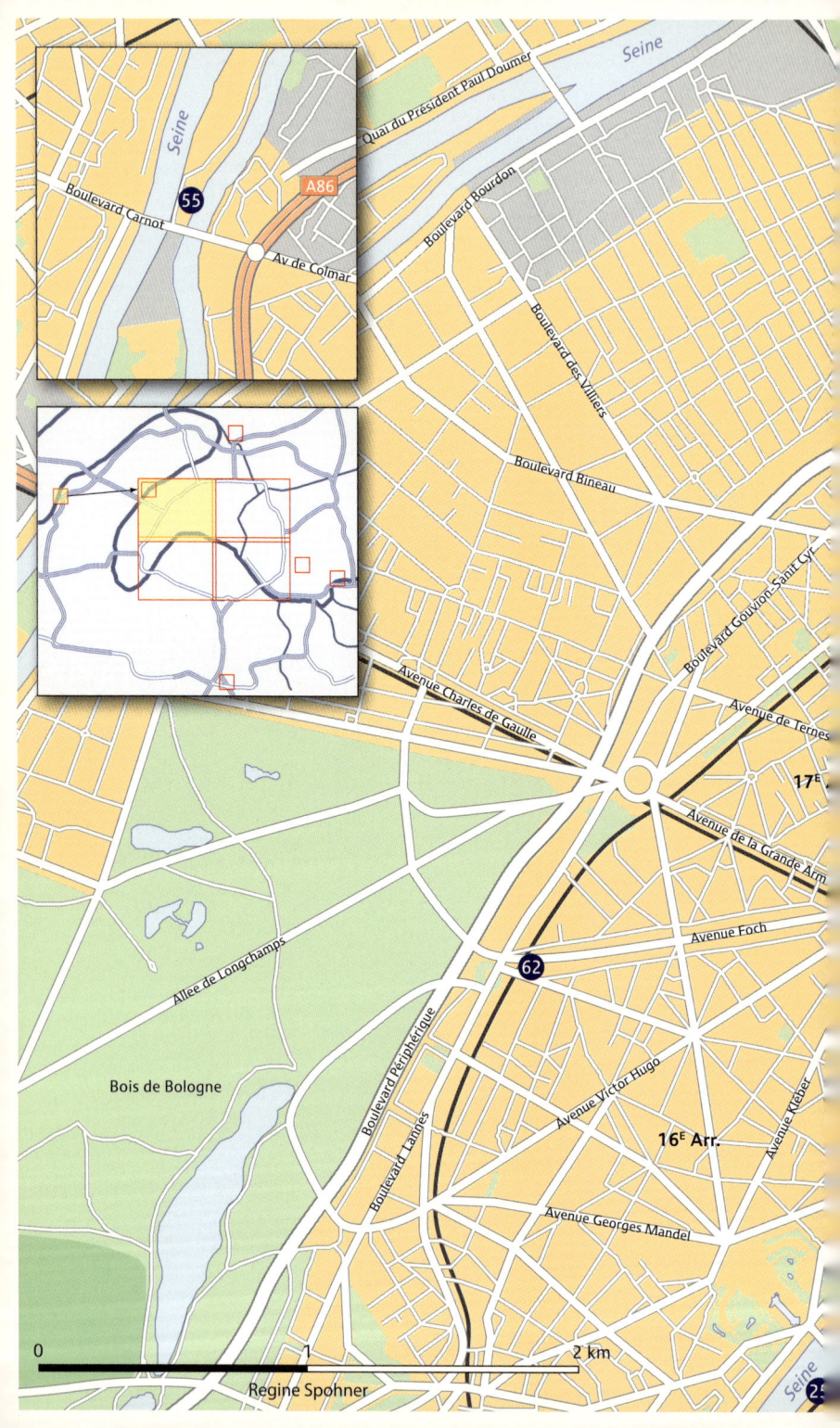

Seine

Quai du Président Paul Doumer

Boulevard Carnot

55

A86

Av de Colmar

Boulevard Bourdon

Boulevard des Villiers

Boulevard Bineau

Boulevard Gouvion-Saint-Cyr

Avenue Charles de Gaulle

Avenue de Ternes

17E

Avenue de la Grande Arm

Avenue Foch

62

Avenue Victor Hugo

Avenue Kléber

16E Arr.

Boulevard Périphérique

Boulevard Lannes

Allée de Longchamps

Bois de Bologne

Avenue Georges Mandel

0   1   2 km

Seine

2

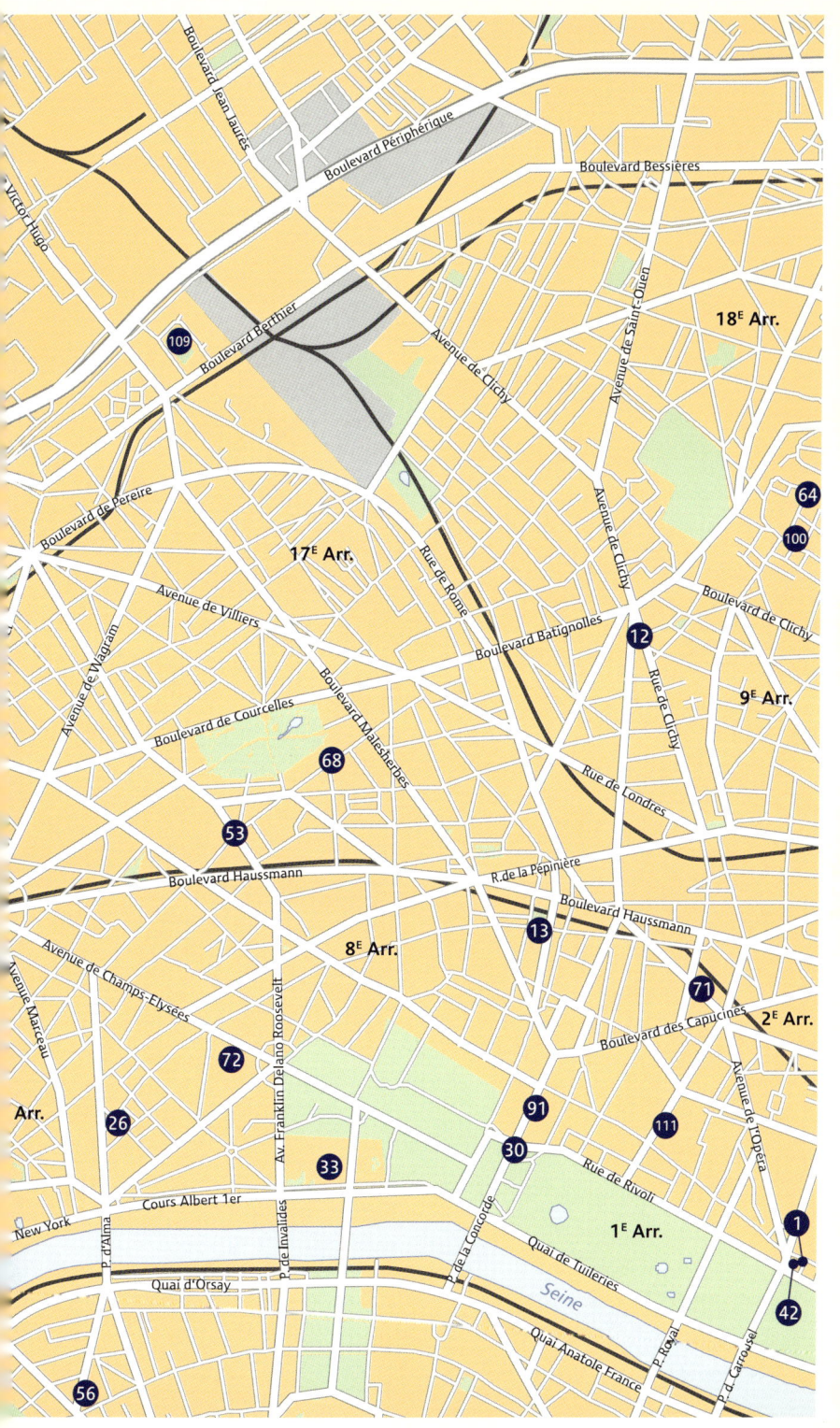

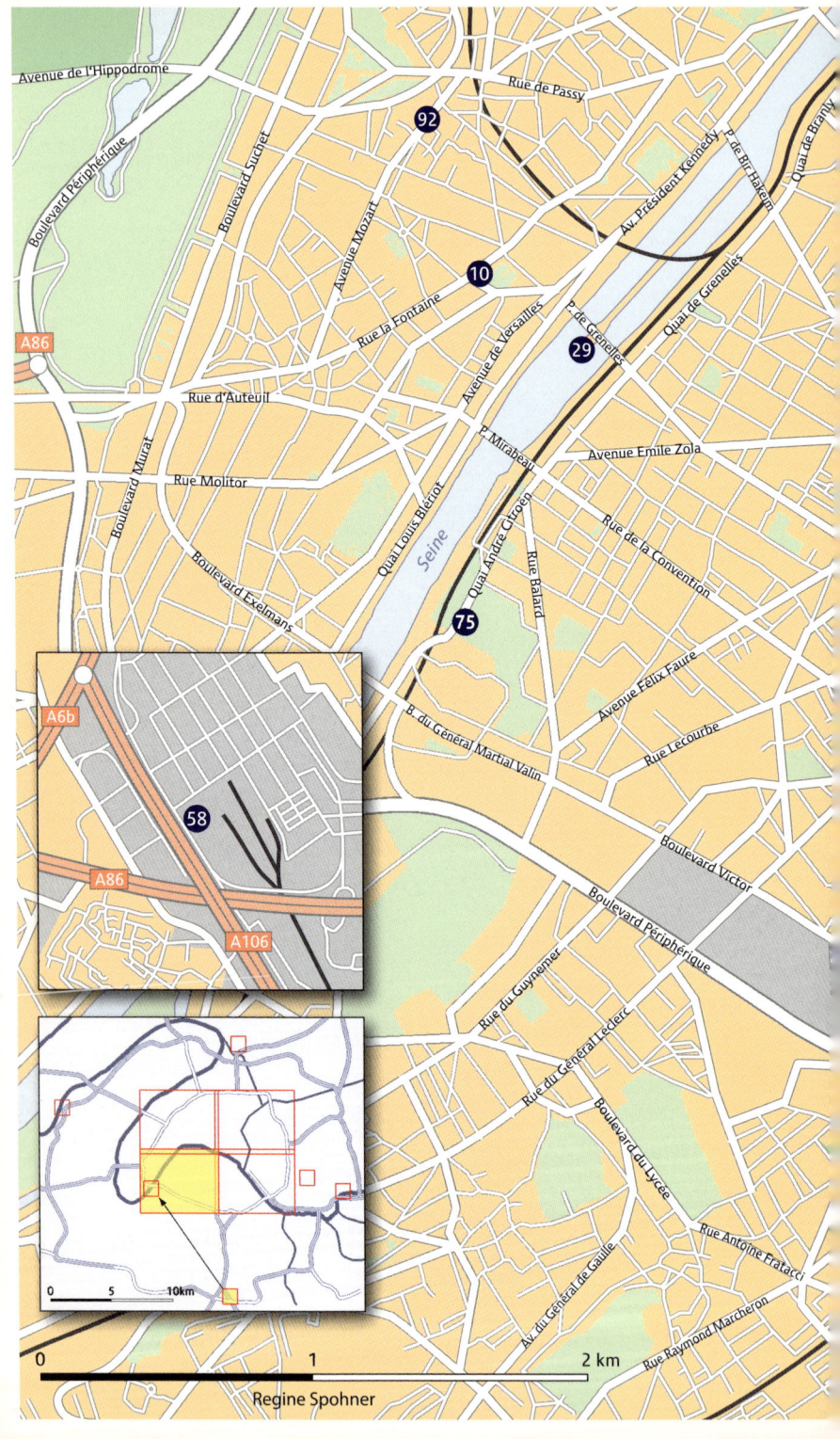

Avenue de l'Hippodrome

Rue de Passy

92

Boulevard Périphérique

Boulevard Suchet

Avenue Mozart

Av. Président Kennedy

P. de Bir Hakeim

Quai de Branly

10

Rue la Fontaine

Avenue de Versailles

P. de Grenelles

Quai de Grenelles

A86

Rue d'Auteuil

29

Boulevard Murat

Rue Molitor

P. Mirabeau

Avenue Emile Zola

Boulevard Exelmans

Quai Louis Blériot

Quai André Citroën

Rue de la Convention

Rue Balard

Seine

Rue de la Convention

75

Avenue Félix Faure

B. du Général Martial Valin

Rue Lecourbe

A6b

58

Boulevard Victor

A86

A106

Boulevard Périphérique

Rue du Guynemer

Rue du Général Leclerc

Boulevard du Lycée

0   5   10km

Rue Antoine Fratacci

Av. du Général de Gaulle

Rue Raymond Marcheron

0   1   2 km

Regine Spohner

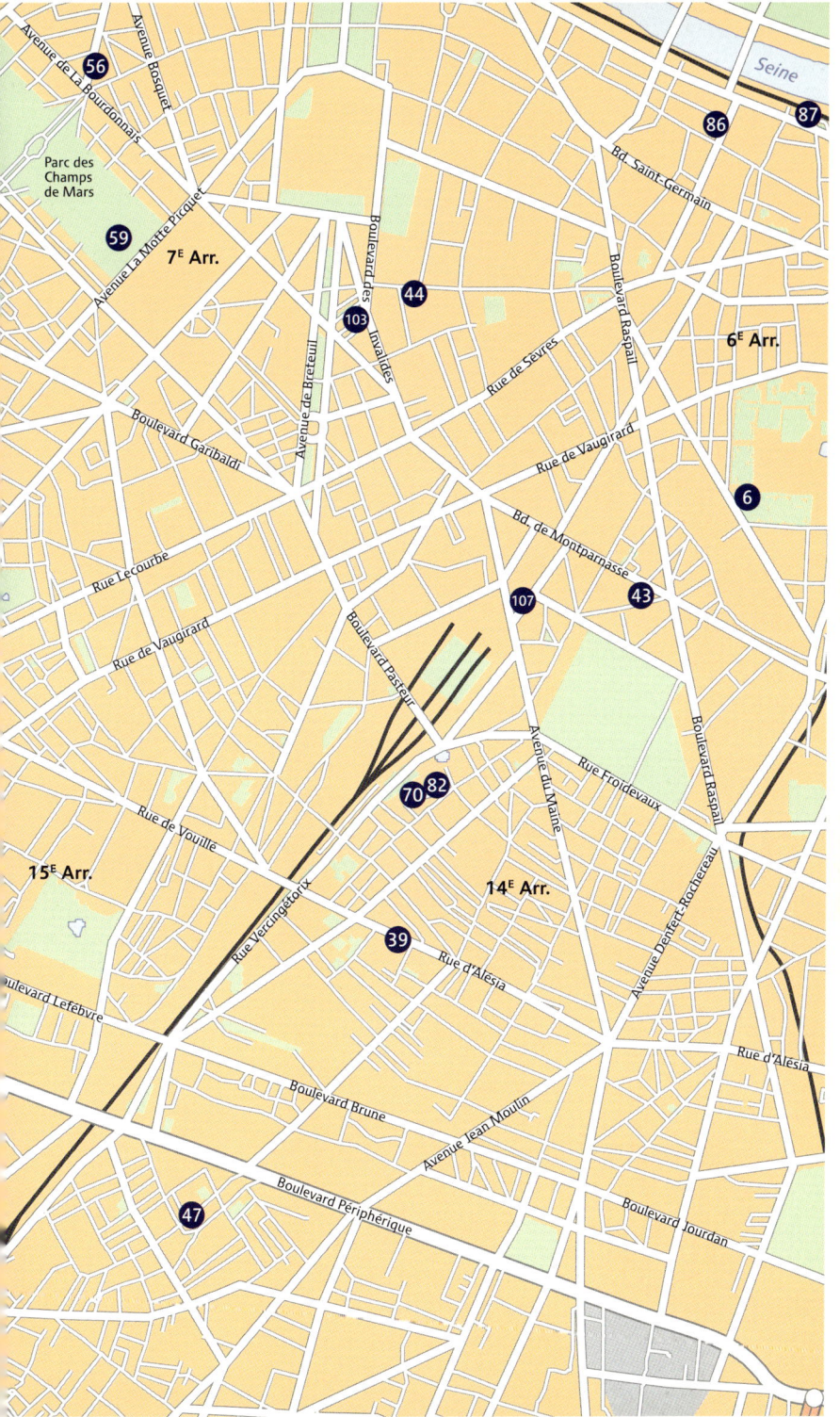

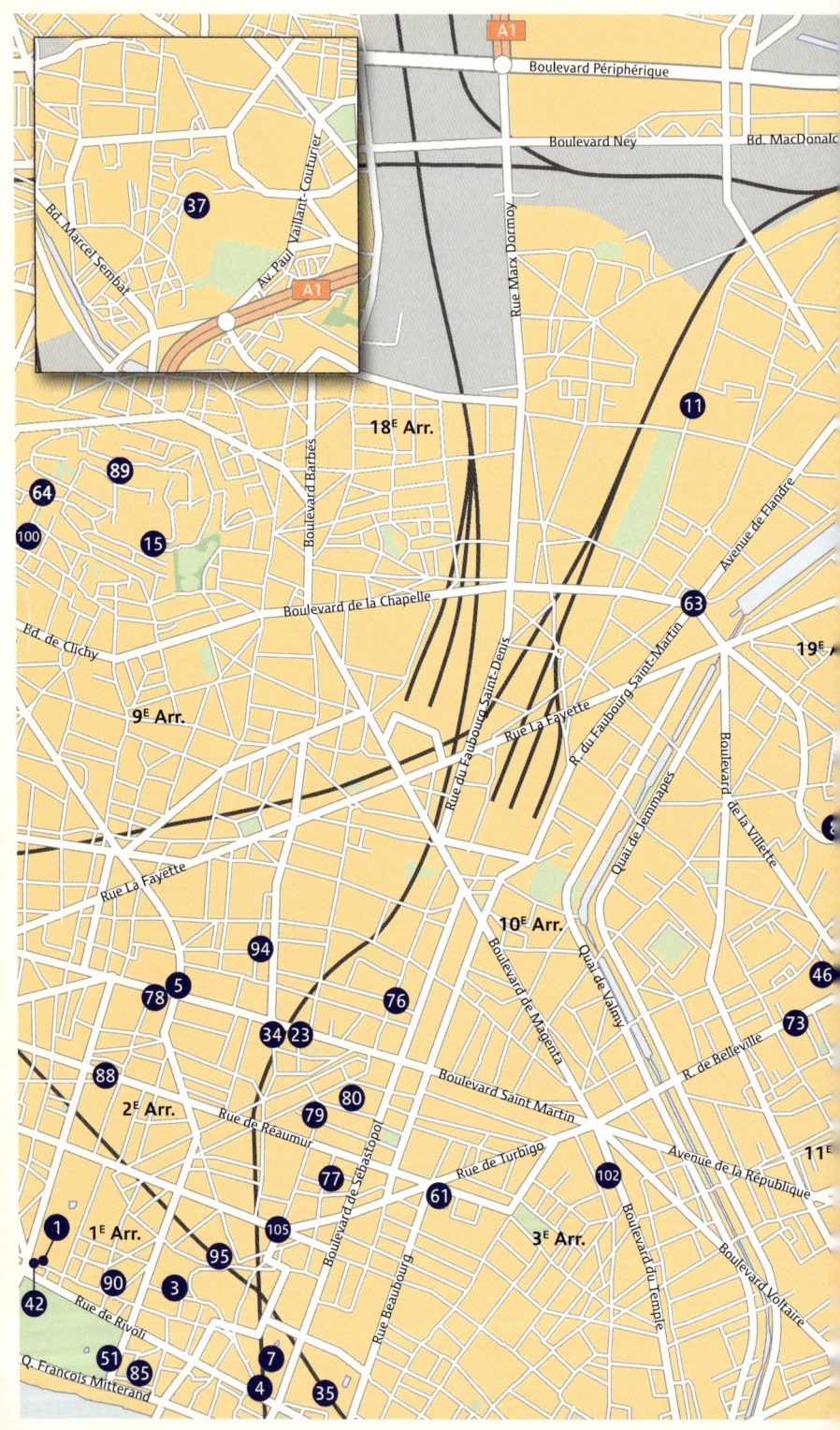

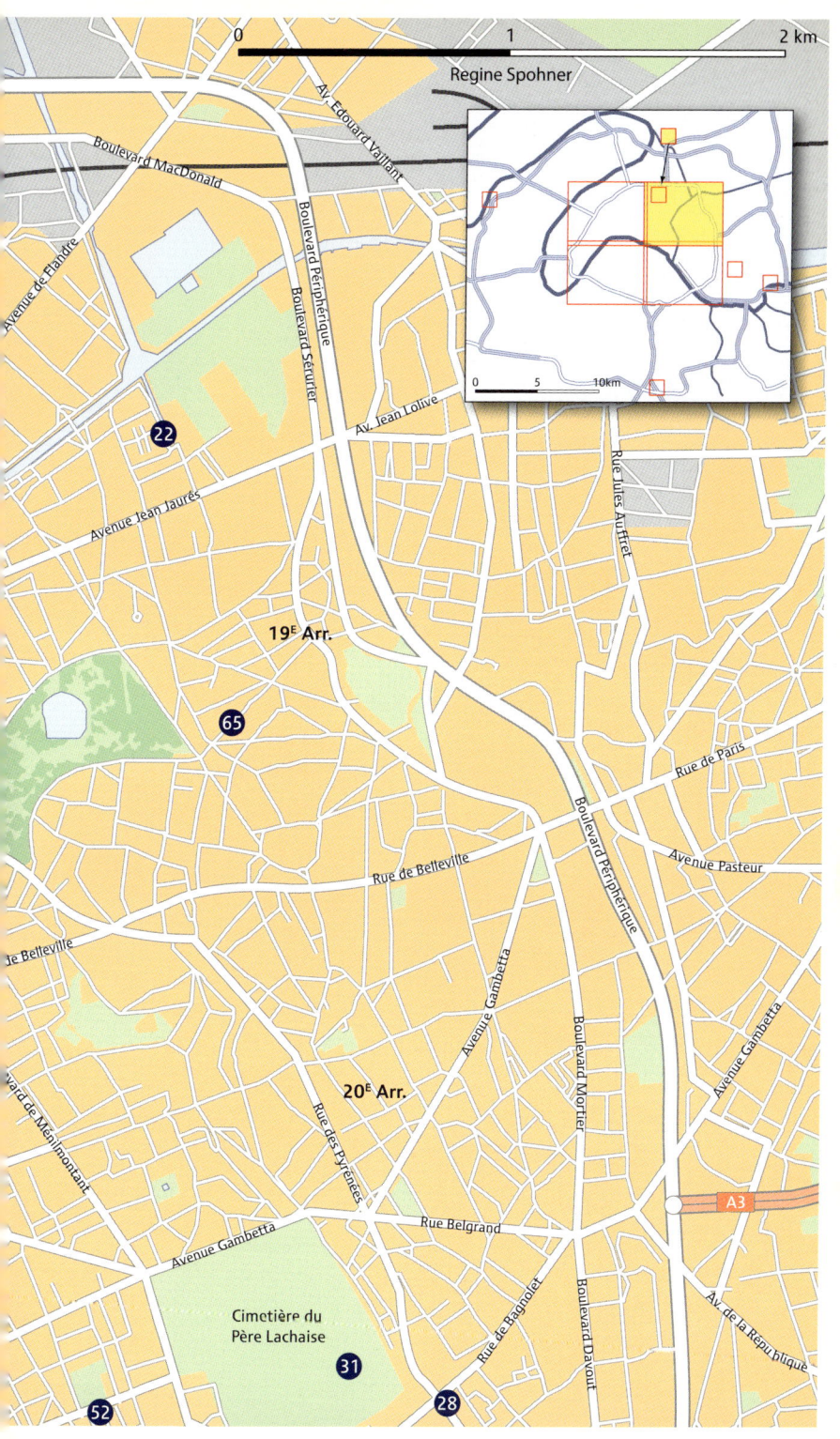

0   1   2 km

Regine Spohner

Boulevard MacDonald

Av. Édouard Vaillant

Avenue de Flandre

Boulevard Sérurier

Boulevard Périphérique

Av. Jean Lolive

Rue Jules Auffret

22

Avenue Jean Jaurès

19ᴱ Arr.

65

Rue de Paris

Rue de Belleville

Avenue Pasteur

le Belleville

Boulevard Périphérique

Avenue Gambetta

Boulevard Mortier

Avenue Gambetta

ard de Ménilmontant

20ᴱ Arr.

Rue des Pyrénées

Rue Belgrand

A3

Avenue Gambetta

Boulevard Davout

Rue de Bagnolet

Av. de la République

Cimetière du
Père Lachaise

31

52

28

0   5   10km

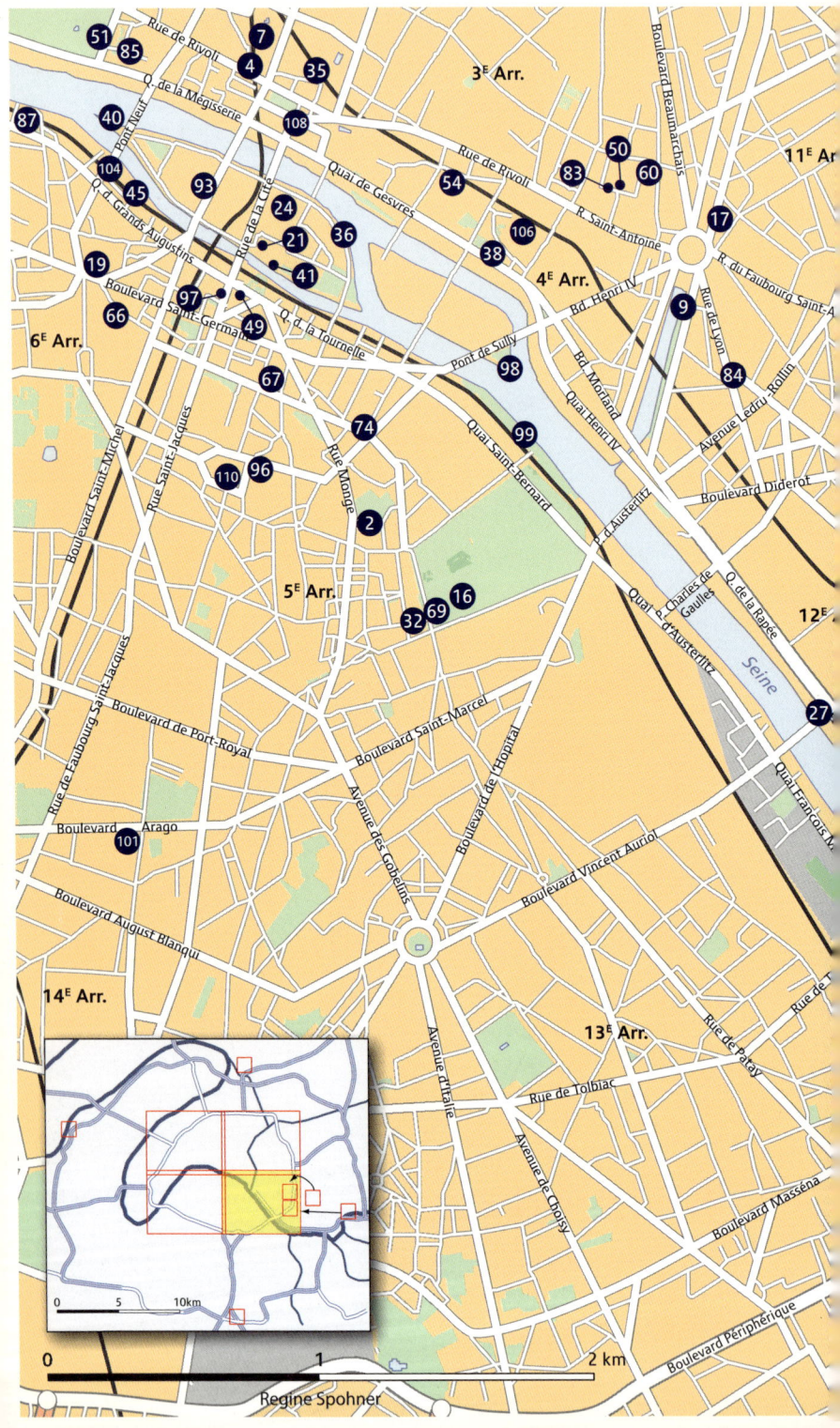

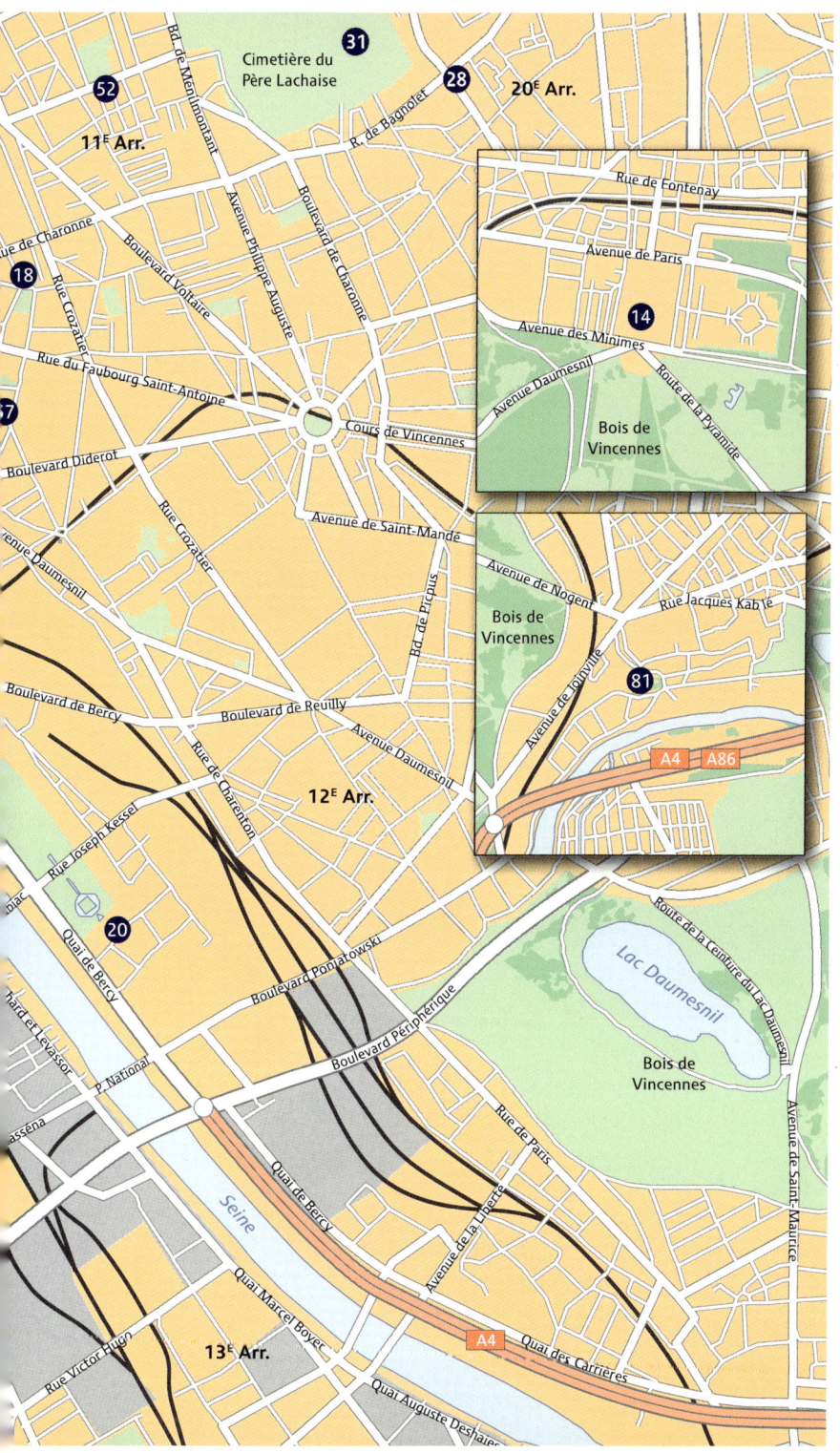

Die Autorin

Regine Zweifel, geboren 1959 in Krefeld, arbeitet als Dolmetscherin und bietet seit einigen Jahren Stadtführungen durch Paris an. Seit ihrer Kindheit bereist sie die Stadt und sammelt Geschichten, Kuriositäten, Geheimnisse. Ihre Arbeit führt sie oft nach Paris, häufiger aber noch die Neugier und Begeisterung für die Stadt.